Wolfgang H. Hollweg

Zilgrei –
Aktiv gegen den Schmerz

Ein ganzheitliches Selbsthilfesystem
bei Erkrankungen des
Bewegungsapparates und Verspannungen

Rheuma * Arthrose
Rückenschmerzen * Migräne
Schulter- und Nackensteife * Obstipation

Verlag Ganzheitliche Gesundheit

Danksagung

Für tatkräftige Unterstützung bei der Demonstration der Therapien sowie bei der Herstellung der Fotos habe ich **Frau Beate Steger, Herrn Othmar Steger, Herrn Andreas Knipping und meiner lieben Frau** zu danken.

Ein ganz besonderer Dank gebührt dem Verleger, Herrn Norbert Messing, für vielfältige Anregungen und die sorgfältige Betreuung des Objektes.

München, im August 1989
Wolfgang H. Hollweg

2. Auflage 1995

Telefon 07253/3718 · Fax 33955

Herstellung und Druck: Brühlsche Universitätsdruckerei/Gießen

ISBN 3-927124-12-5

Inhaltsverzeichnis

Vorwort

Zilgrei – neue Hoffnung für Schmerzkranke

Zilgrei geht die meisten Menschen etwas an. Die wenigsten aber können mit diesem Wort etwas anfangen, haben es wahrscheinlich noch nie überhaupt auch nur gehört.

Zilgrei ist der Name für eine äußerst wirksame Schmerzbehandlung, die aus Italien kommt und im November 1982 erstmals in Deutschland vorgestellt wurde. Seit Anfang 1983 gibt es bei uns die ersten in dieser Selbstbehandlungsmethode ausgebildeten Therapeuten. Ich selbst war bei diesem ersten Ausbildungskurs dabei. Seitdem habe ich sehr weitreichende Erfahrungen mit Zilgrei gemacht und bin mit daran beteiligt, dieses therapeutische System weiterzuentwickeln, mit besonderem Schwerpunkt auf auf dem Gebiet der Psychosomatischen Medizin.

Zilgrei ist nämlich ein echtes Naturheilverfahren, das den ganzen Menschen, also Leib, Seele und Geist anspricht und die der Menschennatur innewohnenden Selbstheilungskräfte herausfordert, anregt und stärkt.

Warum diese Therapie denn eigentlich bei uns noch so wenig bekannt ist, werde ich immer wieder erstaunt gefragt.

Nun, das hat viele Gründe. Sie hängen zum Teil mit fest eingefahrenen, aber nichtsdestoweniger irrigen Vorstellungen von der Natur orthopädischer Erkrankungen zusammen; zum anderen Teil mit unserem Gesundheitssystem, das Unsummen für die Behandlung irreparabler Schäden aufwendet, aber keine Mittel zur Verfügung stellt für Therapieverfahren, die derartige Erkrankungen frühzeitig zu stoppen oder auch ganz zu verhindern in der Lage sind.

Und schließlich: man muß über eine Sache sprechen, sie erklären, ihre Möglichkeiten aufzeigen, um das öffentliche Interesse daran zu wecken. Dies ist bisher weitgehend unterblieben; die Therapeuten, die sich dieses neuen Verfahrens angenommen haben und es mit guten Erfolgen anwenden, erreichen natürlich nur einen bescheidenen Kreis von Menschen.

So ist es denn das Ziel dieser Schrift, in allgemeinverständlicher Sprache sowohl Laien als auch Therapeuten in die Wirkungsweisen, das Herkommen und die Praxis dieses neuartigen Therapieverfahrens einzuführen und damit dem bisherigen Defizit an Aufklärung gegenzusteuern.

Denn die Situation sowohl der Schmerzkranken als auch der sie betreuenden Medizin (die dieses Problemfeld bisher in keiner Weise im Griff hat) lassen es als fahrlässig erscheinen, ein Therapieverfahren zu ignorieren, das zur Meisterung des Lebensalltags kranker Menschen wesentliche Hilfestellung leisten könnte.

Zilgrei wird entdeckt

Es war eine sehr leidvolle Geschichte, die der Entdeckung der Grundprinzipien dieses Naturheilverfahrens vorausging.

Gleichzeitig kann uns jedoch die Entwicklung, welche seine weitere Entfaltung bis zum heutigen Tage begleitete, auch Hoffnung machen.

Zuerst ein Wort zum Begriff »Zilgrei« selbst: es handelt sich dabei um ein Kunstwort, geschaffen aus den Namen **Zil**lo und **Grei**ssing.

Und nun zur »Geschichte«: Alles begann eines Tages damit, daß Adriana Zillo Monti, eine italienische Hausfrau, von vielerlei schmerzhaften Muskelverspannungen und Gelenkbeschwerden derart heftig geplagt war, daß sie sich zeitweilig nicht ohne Rollstuhl bewegen konnte. Sie schreibt selbst: »Die Schmerzen waren derart, daß ich kaum noch ein normales Leben führen konnte. So unterzog ich mich über Jahre hinweg der Reihe nach allen möglichen und erdenklichen Kuren und Heilmethoden, angefangen bei den herkömmlichen Therapien, die leider bald dazu führten, daß ich wegen Arzneimittelvergiftung in eine Klinik eingeliefert werden mußte... Dann versuchte ich es mit Thermalbädern, Physiotherapie, Akupunktur, Yoga, Mikromassage, Reflextherapie, Autogenem Training und was es sonst noch alles gibt«. Alles dies umsonst, denn nach anfänglichen Besserungen »kehrten die alten Schmerzen zurück«.

Die Wende bahnte sich erst an, als sie Hans Greissing, einen amerikanischen Chiropraktiker und Doktor der Orthopädie, der in Mailand praktizierte, aufsuchte und die bei ihm erlernten Körperbewegungen und Haltungen mit einer aus ihren Yoga-Übungen entstammenden Tiefenatmung verband. Die Schmerzen ließen sehr schnell und merklich nach, die Beweglichkeit nahm zu.

Dies war die Geburtsstunde der Zilgrei-Methode — die Entdeckung einer wirksamen Therapie, beruhend auf der Kombination von drei Grundprinzipien.

Die drei Prinzipien der Zilgrei-Therapie

Das erste ist das »**Grundprinzip der Gegenseite**«; es bedeutet, daß die während der Therapie durchgeführten Bewegungen bzw. eingenommenen Körperhaltungen jeweils der Schmerz auslösenden oder verstärkenden Bewegung oder Haltung genau entgegengesetzt liegen.

Das zweite Grundprinzip beruht auf einer bestimmten Art der Tiefatmung, der sogenannten »**Zilgrei-dynamogenen Atmung**«. Bei der Durchführung der einzelnen Therapien werden die Bewegungen und Haltungen in bestimmter Weise mit dieser Form der Tiefatmung synchronisiert.

Die Wirkungen der Zilgrei-Therapie beruhen also weder auf Magie noch auf Einbildung. Verwunderlich ist nur, daß es einer so leidvollen Geschichte und der Zufallsentdeckung einer Hausfrau bedurfte, um zwei Elemente, die für sich allein längst bekannt waren, miteinander zu einer solch wirksamen Therapie zu vereinen und damit ein ganzes Bündel von »wissenschaftlich anerkannten« Methoden in Frage zu stellen. Oder vielleicht doch nicht ganz so verwunderlich? Wie ist es denn um die ganzheitstherapeutische Ausbildung und Einstellung unserer Orthopäden bestellt?!

In der Folgezeit — Frau Zillo wurde von ihrem Leiden völlig befreit — haben Frau Zillo und Dr. Greissing gemeinsam aus dieser Entdeckung ein umfangreiches therapeutisches System entwickelt, dessen Einzeltherapien mitsamt ihren Varianten mittlerweile in die Tausende gehen.

Mit den beiden genannten Grundprinzipien sowie einem dritten, dem »**Grundprinzip der Zielvorgabe**«, und mit den drei Wirkmechanismen, die ihnen zugrunde liegen, werden wir uns in den nächsten Kapiteln dann eingehender beschäftigen.

Zilgrei in der Orthopädie

Kaum jemand würde wohl auf die absurde Idee kommen, zu meinen, eine Fastenkur wirke sich nur auf den Magen und auf den Darm aus, weil der Speisebrei diese Organe passiert. Wer je eine Fastenkur gemacht hat, weiß, wie tief sie in den Gesamtorganismus eingreift und die Psyche beeinflußt.

Bei der Zilgrei-Therapie ist das nicht anders. Sie auf ihre orthopädischen Wirkungen beschränken zu wollen, wäre genauso absurd. Dies haben Adriana Zillo und Hans Greissing von Anfang an auch nicht getan. Aber selbstverständlich standen und stehen die orthopädischen Aspekte im Vordergrund. Schließlich war Frau Zillo ein »orthopädischer Fall«, und Dr. Hans Greissing ist Orthopäde und Chiropraktiker. Auch wir befassen uns an erster Stelle und überwiegend mit den orthopädischen Aspekten.

Das so erstaunlich *Andere* an Zilgrei ist in erster Linie nicht die Überschreitung von Fachgrenzen, sondern die Einfachheit, die Simplizität der therapeutischen Schritte, deren geradezu verblüffende Wirkung sowie die unglaublich große Indikationsbreite. Letztere reicht von Kopf-, Nacken-, Schulter- und Rückenschmerzen über Tennisarm, Ischias und Lumbago bis hin zu Gelenk- und Wirbelsäulenschäden. Sie umfaßt die Behandlung von Arthrosen und Skoliosen ebenso wie die des (scheinbar) kürzeren Beins.

Greissing führt eine große Anzahl von Verspannungen, Schmerzen und Blockaden in unserer Muskulatur und die damit in Verbindung stehenden Gelenkveränderungen auf die in unserer Zivilisation übliche einseitige Belastung des Skeletts zurück. Er nennt das »Monolateralismus«. Auch der Begriff »scheinbar kürzeres Bein« geht auf Greissing zurück. Es ist immer wieder frappierend, bei den von Greissing entwickelten Tests feststellen zu können, daß Linkshänder, die durch unsere Zivilisation zur Beidhändigkeit geradezu gezwungen sind, sehr viel seltener ein (scheinbar) kürzeres Bein aufweisen als Rechtshänder (bei Linkshändern, wenn überhaupt, dann eher das linke, bei Rechtshändern fast immer das rechte Bein). Besonders verblüffend ist aber die Tatsache, daß solch ein »scheinbar kürzeres Bein« oft in wenigen Minuten durch eine Zilgrei-Selbsttherapie korrigiert werden kann. Dazu an dieser Stelle der folgende Fall: Wenige Tage nach meinem ersten Zilgrei-Ausbildungskurs erzähle ich Freunden von dieser neuartigen Therapieform, unter anderem vom »scheinbar kürzeren Bein« und seiner Behandlung. Ein Bekannter berichtet, daß sein rechtes Bein kürzer sei und er deshalb Einlagen und erhöhte Schuhsohlen tragen müsse. Sie seien ihm verschrieben worden, weil er wegen des kürzeren Beins ständig Schmerzen im Becken und in der unteren Wirbelsäule gehabt habe. Die Schmerzen seien zwar dadurch kaum weniger geworden, er müsse Einlagen und Sohlenaufdopplung aber trotzdem beibehalten, weil es sonst noch schlimmer werden könnte.

Mit einem speziellen Zilgrei-Test messe ich die Beinlänge und die Beckenstellung nach: das rechte Bein ist etwa 2 cm kürzer. Ich bringe meinem Bekannten eine Selbsttherapie bei. Sie dauert nur wenige Minuten. Die Kontrolluntersuchung ergibt: es fehlt jetzt nur noch ein halber Zentimeter. Er wiederholt die Therapie. Die Kontrolle ergibt: beide Beine sind jetzt gleich lang! Mein Bekannter merkt sich die Therapie; er wendet sie in der nächsten Zeit täglich einmal an. Er trägt wieder normale Schuhe. Die Schmerzen in Becken und Wirbelsäule sind verschwunden — auch heute noch, nach fast 6 Jahren.

Drei Jahre später. Ein anderes, fast ebenso häufiges orthopädisches Krankheitsbild: Der Patient, Mitte 40, leidet u.a. an einer Skoliose, die mit schmerzhaften Verspannungen der Rückenmuskulatur verbunden ist. Er macht in unserem Haus eine vierzehntägige Zilgrei-Kur, bei der er die für ihn infrage kommenden Selbsttherapien erlernt. Diese führt er danach dreimal täglich zu Hause durch. Sie nehmen immer nur wenige Minuten in Anspruch. Ein Jahr später erfahre ich: eine Röntgenkontrollaufnahme hat ergeben, daß die Skoliose nicht mehr nachweisbar ist. Die Wirbelsäule hat sich normalisiert, die Verspannungen haben sich aufgelöst.

Man kann also mit Zilgrei eine Skoliose erfolgreich behandeln. Man muß sich natürlich dabei darüber im klaren sein, daß der Erfolg, je nach dem Alter des Patienten, ein anderes Gesicht hat. So ist es z.B. bei Kindern vor der Pubertät in sehr vielen Fällen möglich, die Verbiegungen und Drehungen der Wirbelsäule völlig zurückzubilden. Von der Pubertät an nimmt die Rückbildungsfähigkeit jedoch langsam ab. Es gibt allerdings nicht wenige Patienten, bei denen mit dieser therapeutischen Methode noch mit über 60 Jahren erstaunliche anatomische Veränderungen zu erzielen sind. Aber selbst in jenen Fällen, in denen eine nicht mehr zu korrigierende Fixierung der Wirbelsäule und des übrigen Skeletts eingetreten ist, kann man aus gutem Grund von einem »großen Erfolg« der Zilgrei-Therapie sprechen, weil sich die Patienten durch die regelmäßige Anwendung der entsprechenden Selbsttherapien **schmerzfrei** halten können. Zilgrei ist in erster Linie eine äußerst erfolgreiche **Schmerz-Therapie**!

Schmerzen sind Alarmsignale, die gerade dann gehäuft und besonders heftig auftreten, wenn es unübersehbar geworden ist, daß wir mit der Natur in und um uns nicht mehr in Einklang leben. Unsere Wirbelsäule z.B. ist von Natur aus nicht dazu konstruiert, daß wir den ganzen Tag über auf einem Stuhl vor der Schreibmaschine oder dem Bildschirm sitzen, hinter einem Verkaufsstand stehen oder mit unseren Füßen die Pedale eines Autos bedienen. Wir haben uns mit der modernen Zivilisation eine Welt zurechtgezimmert, die unseren Organismus einseitig belastet (Monolateralismus).

Schmerzhafte Muskelverspannungen der vielfältigsten Art, Wirbelsäulenschäden, Beckenschiefstellungen (scheinbar kürzeres Bein) und degenerative Gelenkveränderungen sind die Folge.

Die einzelnen Zilgrei-Therapien entspannen und machen beweglich; sie unterdrücken die Schmerzen nicht, sondern lösen sie auf; sie verbessern die Körperhaltung und steigern das Wohlbefinden. Und sie beugen wirksam unkorrigierbaren Dauerschäden vor. Doch bei all der überraschenden und eindrucksvollen Wirkung ist Zilgrei eine überaus sanfte Therapie-Methode. Niemals wird Gewalt angewendet, niemals löst eine Therapie Schmerz aus. Wenn sich bereits vorhandene Schmerzen verstärken, so ist das in der Regel ein Hinweis darauf, daß man etwas falsch gemacht hat.

Es ist in erster Linie der sanften Entspannung und der damit verbundenen Schmerzreduktion zu verdanken, daß sich Zilgrei so hervorragend bewährt bei der Behandlung recht problematischer Erkrankungen wie Querschnittslähmung, Multiple Sklerose, Chronische Polyarthritis und Bechterew. Natürlich kann man diese Erkrankungen mit Zilgrei nicht heilen. Die Menschen, die daran leiden, sind jedoch vielfach auf physiotherapeutische Behandlungen, z.B. auf heilgymnastische Übungen, angewiesen. Es ist aber eine nicht zu widerlegende Tatsache, daß die gezielten Zilgrei-Therapien weniger anstrengen und gleichzeitig eine größere Wirkung haben: deutliche Schmerzverringerung, zunehmende Beweglichkeit und Sensibilität sowie eine erheblich verbesserte Lebensqualität.

Der arterio-venöse Wirkmechanismus und das »Prinzip der Gegenseite«

Wer seit längerer Zeit an Bewegungseinschränkungen irgendwelcher Art leidet, wird die Erfahrung gemacht haben, daß ihm immer wieder geraten wurde, gegen die Einschränkung dadurch anzugehen, daß er die blockierte Bewegung bis zur Grenze des Möglichen durchführt und dadurch den vorhandenen Bewegungsspielraum voll ausnutzt und erhält oder sogar noch erweitert. Er wird dann aber auch festgestellt haben, daß dieser Rat ziemlich wirkungslos bleibt. Wenn die Blockaden zusätzlich mit Schmerzen verbunden sind, wie das meist der Fall ist, wird er die bittere Erfahrung gemacht haben, daß die der Beweglichkeits-Erhaltung dienenden Übungen den vorhandenen Schmerz noch verstärken und damit die Spontaneität der Bewegung und sogar den Bewegungsspielraum selbst weiter einschränken.

Ja, und was dann?

Dann wird zu Schmerzmitteln gegriffen und schließlich Kortison gespritzt — mit all den bekannten Nebenwirkungen und Folgen!

Um die erstaunlichen Wirkungen der Zilgrei-Methode verstehen zu können, muß man sich einmal den Teufelskreis vor Augen führen, der für Schmerzen in den Geweben unseres Körpers so typisch ist:

Schmerz läßt ein Gewebe reflexartig verkrampfen. Verkrampftes Gewebe ist starr, es schnürt die Durchblutung ab. Sauerstoffbeladenes Blut wird in unzureichender Menge in das Gewebe hineintransportiert; die Schlacken können nicht vollständig abtransportiert werden, so daß es zu (sauren) Rückständen im Gewebe kommt. Sauerstoffmangel und Rückstände: beides erzeugt Schmerz. Und damit hat sich der fatale Kreislauf geschlossen.

Zilgrei dringt mit seinen drei therapeutischen Grundprinzipien in diesen circulus vitiosus ein und bricht ihn in äußerst sanfter und wirkungsvoller Weise auf.

Die in der Zilgrei-Therapie geforderte Körperhaltung und Bewe-

gung geht jeweils vom »Prinzip der Gegenseite« aus, das bedeutet: es wird nicht versucht, durch eine zusätzliche Belastung, sondern durch konsequente **Entlastung** des schmerzenden Gewebes eine Schmerzbefreiung zu erzielen. Das »Prinzip der Gegenseite« mit seinen zilgrei-spezifischen Haltungen und Bewegungen bewirkt nämlich, daß das von Schmerzen geplagte und verkrampfte Gewebe in eine Position gebracht wird, in der es so weit entlastet ist, daß es das Angebot an sauerstoffbeladenem Blut wieder besser aufnehmen und Schlacken besser transportieren kann.
Zilgrei ist also vom Ansatz her keine neue Art von Gymnastik, kein »übendes Verfahren«, sondern eine **heilende Therapie!**

Das »Prinzip der Gegenseite« ist die therapeutische Konsequenz, die sich aus Lage und Verlauf unserer Arterien und Venen ergibt, oder anders ausgedrückt: Dieses Behandlungsprinzip stellt die therapeutische Antwort dar auf den »arterio-venösen Wirkmechanismus«.
Was ist damit gemeint?
Wir müssen uns daran erinnern, daß unsere größeren Blutgefäße, die Arterien, die unsere Muskulatur mit energiereichem und sauerstoffhaltigem Blut versorgen, und unsere Venen, die das reduzierte Blut mitsamt den Stoffwechselschlacken zurücktransportieren, zwischen den Muskelpaketen verlaufen. Wenn es zu größeren Verspannungen in der Muskulatur kommt, werden die Gefäße eingeengt, im Extremfall sogar abgedrückt. Zunächst ist dann der venöse Rückfluß unterbunden. Die im Gewebe verbleibenden Schlacken rufen »rheumatische« Schmerzen hervor. In dem Maße, wie auch die arterielle Blutzufuhr eingeschränkt wird, kommt es durch Sauerstoff- und Nährstoffmangel zur Schmerzverstärkung. Genau das aber ist der Effekt, der zwangsläufig eintritt, wenn man bei einer blockierten und schmerzenden Bewegung »übend« gegen die Blockade anzugehen versucht, um auf diese Weise den Bewegungsradius zu erhalten oder gar zu erweitern. Man strapaziert den verkrampften Muskel noch weiter und erreicht dadurch nur, daß die Durchblutung noch weiter eingeschränkt wird. Was aber erreicht werden muß, ist eine Entkrampfung der Muskulatur, damit sie

die eingeengten Gefäße freigibt und sich die Blutversorgung bessert. Mit anderen Worten: der negative »arterio-venöse Wirkmechanismus« muß in einen positiven verwandelt werden.

Dies geschieht nach dem Prinzip der Gegenseite:

Nachdem ich festgestellt habe, welche Bewegung blockiert ist, welche Bewegung Schmerzen hervorruft oder bereits vorhandene Schmerzen verstärkt, bewege ich den schmerzenden Körperteil, den Arm, das Bein, den Kopf, den Rumpf, in exakt die entgegengesetzte Richtung, damit sich die verspannte Muskulatur erholen kann.

Wichtig ist, daß bei der entlastenden Bewegung die Bewegungsebene genau eingehalten wird. Ich darf nicht irgend eine schmerzfreie Bewegung oder Haltung suchen, sondern muß die verspannte Muskulatur dadurch maximal lockern, daß ich die antagonistischen Muskeln leicht anspanne. Eine schmerzhafte oder blockierte Bewegung auf der Sagittalebene (Bewegung von vorn nach hinten) darf also nur auf der Sagittalebene, eine solche auf der Frontalebene nur durch eine entgegengesetzte Neigung auf der Frontalebene, eine schmerzhafte Drehung auf der Horizontalebene nur durch eine Drehung in der entgegengesetzten Richtung beantwortet werden. Eine Vermischung der Bewegungsebenen kann den therapeutischen Effekt unter Umständen völlig außer Kraft setzen oder den Schmerz sogar noch verstärken.

Der neuro-muskuläre Wirkmechanismus und das Prinzip der »Zilgrei-dynamogenen Atmung«

Der (positive) arterio-venöse Wirkmechanismus und seine therapeutische Realisierung durch das Prinzip der Gegenseite bilden die grundlegende Voraussetzung für die Schmerz und Blockade auflösende Wirkung der Zilgrei-Therapien. Die Einnahme der muskulär entlastenden Haltung nach dem Prinzip der Gegenseite bewirkt jedoch allein kaum eine nachhaltige Schmerzreduktion. Die tritt erst dann in einem überzeugenden Maße ein, wenn der arterio-venöse Wirkmechanismus mit dem neuro-muskulären Wirkmechanismus, wenn das Prinzip der Gegenseite mit dem Prinzip der »Zilgrei-dynamogenen Atmung« gekoppelt wird.

Daß unsere Atmung sehr eng mit unserer Gesundheit verbunden ist, daß eine gezielte Atemtherapie sehr tief in alle organischen Funktionen und darüber hinaus in unseren seelischen Haushalt eingreift, wurde uns durch die fundierten und wissenschaftlich dokumentierten Untersuchungen von Dr. med. Johannes Ludwig Schmitt vermittelt. Ich möchte hier an sein immer noch grundlegendes Buch »Atemheilkunst« erinnern, das die Essenz seines Lebenswerkes beinhaltet. Gegenüber den sehr detaillierten Untersuchungen und den differenzierten atemtherapeutischen Anweisungen nimmt sich die »Zilgrei-dynamogene Atmung« in der schlichten Einfachheit zunächst recht bescheiden aus. Das kann zu einem Fehlurteil, besser: zu einem Fehl-Vorurteil, verleiten. Man muß sich unbedingt davor hüten, aufgrund eines solchen Vergleichs die atemtherapeutischen Möglichkeiten der Zilgrei-dynamogenen Atmung und den ihrer Wirkung zugrundeliegenden neuromuskulären Wirkungsmechanismus zu unterschätzen, sondern sie unbedingt an sich selbst erleben, bevor man sich zu einem Urteil entschließt.

Darüber hinaus ist es sehr wichtig, zu bedenken, daß es sich bei Zilgrei um ein System von **Selbst-**

Therapien handelt, die jedermann zu Hause allein durchführen kann. Voraussetzung zum Erfolg eines solchen Verfahrens ist jedoch eine einfache, unkomplizierte Handhabung, die jedem schnell »in Fleisch und Blut übergeht«. Das ist bei Zilgrei der Fall, besonders wenn man sich die Grundlagen dieser Therapie in einem gut geleiteten Kurs angeeignet hat.

Für die Zilgrei-dynamogene Atmung gilt in ähnlicher Weise das, was wir über das Prinzip der Gegenseite gesagt haben: für sich allein genommen erzielt auch sie nicht die überzeugende Wirkung, die Zilgrei erst durch die Kombination der beiden Wirkmechanismen und deren praktische Umsetzung in den beiden therapeutischen Prinzipien erreicht.

Was aber ist nun diese »Zilgrei-dynamogene Atmung«?

Rein atemtechnisch gesehen handelt es sich um eine Tiefatmung, um die konsequente Zwerchfell-Atmung (Bauch-Atmung), die in einem ganz bestimmten Rhythmus durchgeführt wird. Wir bleiben zunächst beim äußeren Ablauf:

Die »Zilgrei-dynamogene Atmung« besteht aus 2 Phasen, die in jeweils 2 Stufen (»Takte«) unterteilt sind.

- *Die Einatmungsphase (Phase 1) besteht aus einem tiefen Luftholen in den Bauch, zu dem der Bauch bewußt nach außen gewölbt und das Zwerchfell angespannt wird, sodaß sich die Lunge maximal mit Luft füllen kann (Stufe / Takt 1).*
- *Die Luft wird dann 5 Sekunden lang angehalten (Stufe / Takt 2).*
- *Die Ausatmungsphase (Phase 2) beginnt mit einer kräftigen Entleerung der Lunge, bei der die Bauchmuskeln eingezogen werden (Stufe / Takt 3).*
- *Ihr folgt eine Pause von 5 Sekunden, in der die Lunge leer bleibt (Stufe/Takt 4).*

Dies ist das Modell der »Standard-Atmung«, zu der es dann im einzelnen Fall noch eine Reihe von hilfreichen Varianten gibt.

Zur Durchführung der einzelnen Therapien werden Atmung und Bewegung miteinander kombiniert. Auch hier teile ich die Grundform mit, zu der es wiederum für den konkreten Fall mehrere geeignete Varianten gibt:

> □ *Man beginnt mit einer tiefen Einatmung, der man aber keine Pause folgen läßt, sondern sofort wieder — langsam und ruhig — ausatmet.*
> □ *Während dieser Ausatmung und mit ihr exakt synchronisiert erfolgt die therapeutisch erforderliche Bewegung in jene Richtung, die der symptomauslösenden genau entgegengesetzt liegt.*
> □ *In dieser Stellung verharrend atmet man drei ganze Atemzyklen durch — drei Ausatmungen mit Pause und drei Einatmungen mit Pause.*
> □ *Nach der letzten Ausatmung (das ist insgesamt die fünfte) und der zugehörigen Pause bewegt man sich während der nachfolgenden Einatmung in die Ausgangsposition zurück und atmet, ohne Pause, noch einigemale ruhig und tief durch.*

Diese Art der Tiefatmung zieht eine Anzahl von Folgen nach sich, die wir uns kurz anschauen müssen. Wir bleiben zunächst beim Vorgang der Ein- bzw. Ausatmung selbst:

Das tiefe Einatmen mit Vorwölbung des Bauches sowie der Absenkung des Zwerchfells führt zu einer maximalen Entfaltung des Lungengewebes. Zwischen dem Sauerstoffangebot in den Alveolen (Ventilation) und der Durchblutung der Alveolarsepten (Perfusion), in denen der Gasaustausch stattfindet, kommt es zu einem optimalen Gleichgewicht. Dadurch wird die mit Sauerstoff beladene Blutmenge erhöht.

Die tiefe Aus- und Einatmung schafft im Bauchraum sich rhythmisch verändernde Druckverhältnisse, die sich günstig auf die Bauchorgane auswirken, besonders auf Darm und Nieren. Oft kommt es dadurch innerhalb von nur ein oder zwei Tagen zu vermehrten Ausscheidungen mit deutlich reinigender Wirkung und spontaner Normalisierung des Stuhlganges bei vorher bestehender Obstipation.

In der gesamten Wirbelsäule aber, ausgehend von der Brustwirbelsäule, kommt es zu lösenden Mikrobewegungen, da sich bei der tiefen Einatmung die Lordosen (= nach vorn gewölbte Krümmung der Wirbelsäule) und Kyphosen (= rückwärts gewölbte Krümmung) leicht verstärken, bei der Ausatmung aber wieder abflachen. Gleichzeitig wird an den Ein- und Austrittsstellen der Nervenbahnen ein leichter Reiz ausgeübt, der im Sinne einer Reiztherapie den gesamten Organismus stimuliert.

Besonders verblüffend ist die Wirkung auf die Muskulatur, auf den Muskeltonus. Bei der tiefen Einatmung kommt es zu einer Abschwächung, bei der Ausatmung zu einer deutlichen Steigerung des Muskeltonus (= Spannungszustand des Muskels). Die Wirkung können Sie sich an einem eindrucksvollen Experiment demonstrieren: Wenn jemand einen Arm seitlich anhebt und Ihrem Versuch, den Arm herunterzudrücken, Widerstand zu leisten versucht, so wird ihm das nicht gelingen, wenn er dabei einatmet oder die Luft anhält. Wenn er dabei jedoch ausatmet, so werden Sie große Mühe haben, seinen Widerstand zu überwinden. Die Bezeichnung der Zilgrei-Atmung als »dynamogen« (= Kraft erzeugend) ist also wirklich gerechtfertigt.

Das Experiment macht deutlich, daß die tiefe Ein- und Ausatmung die Kräfteverhältnisse in der Muskulatur rhythmisch verändert, sodaß es zu einer Art »Pumpeffekt« kommt. Der wiederum wirkt sich auf die Durchblutung des Gewebes aus. Da nämlich Arterien und Venen zwischen den Muskelsträngen verlaufen, werden sie von diesem Pumpeffekt mit betroffen: die Versorgung des Gewebes mit sauerstoffreichem Blut und der Abtransport von Schlacken werden angeregt und beschleunigt. Es ist sehr wahrscheinlich, daß die bei der Zilgrei-Therapie auftretende deutliche Schmerzreduktion unter anderem, möglicherweise sogar überwiegend auf diesen Pumpeffekt zurückzuführen ist.

Wenn wir jetzt den Sinn der Pausen nach der Ein- und der Ausatmung hinterfragen, müssen wir einen Punkt ansprechen, der uns in einer anderen Perspektive in einem späteren Kapitel noch ausführlicher beschäftigen wird: die Schwierigkeiten beim Erlernen der Tiefatmung. Die meisten Menschen unseres Kulturkreises, jedenfalls die Erwachsenen, atmen gewöhnlich viel zu flach. Und wenn man sie zur Tiefatmung anzuregen versucht, atmen sie in die Schultern statt in den Bauch. Und wenn es schließlich gelingt, ihnen die Bauchatmung beizubringen, entwickeln sie das Gefühl, nicht genug Luft zu bekommen, atmen deshalb immer tiefer und immer schneller und entwickeln auf diese Weise ein »nervöses Atemsyndrom« mit Hyperventilationstetanie mit Verkrampfungszuständen. Solche Erscheinungen werden durch das strikte Einhalten der jeweiligen Pausen von je 5 Sekunden praktisch ausgeschlossen. Da wir es in den Zilgrei-Kursen sehr viel auch mit älteren Menschen zu tun haben, die oft über viele Jahrzehnte hinweg mit einer falschen Atmung gelebt und mit dem Wiedererlernen der uns urprünglich angeborenen Zwerchfell-Atmung einige Mühe haben und deshalb zur Ausbildung eines »nervösen Atemsyndroms« neigen, wirkt sich bei ihnen das strikte Einhalten der Pausen hilfreich und beruhigend aus. Das ist ein ganz wichtiger Nebeneffekt der Pausen, aber es ist nicht ihr eigentlicher Sinn.

Man kann vier weitere Punkte nennen, bei denen die Pausen eine besonders wichtige Rolle spielen:

1. Durch die Pause nach der tiefen Einatmung wird die Zeit für den Gasaustausch verlängert. Wie groß der Gewinn dabei sein könnte, ist immer noch umstritten. Wir rechnen jedoch mit einer deutlich positiven Wirkung.

2. Durch die Pause nach der Ausatmung kommt es zu einer vorübergehenden leichten »Sauerstoff-Not«, auf die der Organismus mit einer nachfolgenden Vertiefung der Atmung reagiert. Dieser Effekt ist seit langem bekannt und wird in der Zilgrei-dynamogenen Atmung auch bewußt mit angestrebt.

3. Durch die ruhige, tiefe Aus- und Einatmung mit den anschließenden Pausen kommt es zu einer spürbaren Verstärkung der so wichtigen Mikrobewegungen der Wirbelsäule, die der Patient nach kurzer Zeit auch selbst wahrzunehmen in der Lage ist. Diese Bewegungen brauchen Zeit. Wenn die Atmung zu rasch abläuft, bleiben die Mikrobewegungen zu flach.

4. Die wichtigste Wirkung aber dürfte wohl darin bestehen, daß der muskuläre »Pumpeffekt«, die rhythmische Veränderung des Muskeltonus mit ihren durchblutungsfördernden Folgen, erheblich verstärkt wird.

Der bio-kybernetische Wirkmechanismus und das »Grundprinzip der Zielvorgabe«

In den beiden nächsten Kapiteln überschreiten wir in einigen Punkten den Rahmen dessen, was Zillo und Greissing ursprünglich beschrieben haben. Der Begriff »Kybernetik« wird von beiden Autoren jedoch sehr wohl verwendet, grundsätzlich auch im selben Sinne, wie ich das tue. So liegt es auch auf der Hand, daß die im folgenden von mir abgehandelten Gesichtspunkte dem Ansatz nach in der »reine Lehre« vorhanden sind, und es geht auch nicht um irgendeine »Profilierung«, sondern darum, auf der gemeinsamen Grundlage einen Beitrag zu leisten, der die Sicht der ganzheitsmedizinisch orientierten Orthopädie und Chiropraktik durch die Erfahrung des ganzheitstherapeutisch orientierten Psychotherapeuten und Psychosomatikers — des Seelenkundlichen also — ergänzt.

Der Begriff »Bio-Kybernetik« bedeutet im Kontext der Naturheilkunde, daß die Steuerungsfunktionen unseres Organismus und unserer Psyche darauf ausgerichtet sind, unser Leben als Menschen in jeder Hinsicht zu erhalten. Das schließt das bloße Überleben unter schlimmsten Bedrohungen und Gefährdungen, die Selbstheilungskräfte bei Krankheiten und Verletzungen, ebenso aber auch die psychische und physische Weiterentwicklung und die menschliche Reifung mit ein. Hinsichtlich der uns überkommenen Vorstellungen von Krankheit und Heilung hat diese bio-kybernetische Sicht des Menschen erhebliche Konsequenzen. Eine davon besteht z.B. darin, daß die weit verbreitete mechanistische Vorstellung, Krankheiten seien in etwa mit Schäden an einem Auto vergleichbar, die es in einer guten Reparaturwerkstatt (Krankenhaus!) von einem tüchtigen Mechaniker (Arzt!) zur reparieren (behandeln!) gälte, nicht haltbar ist. Krankheit ist kein reparaturbedürftiger Schaden — das bin vielmehr ich selber, das ist meine gegenwärtige Existenzform. Und zu der gehört unlösbar auch, daß die Steuerungsfunktionen meines Organismus und meiner Psyche, mein »kybernetisches System«, darauf ausgerichtet sind, diese meine gegenwärtige Existenzform zu ändern. Und sie tun das, indem sie meine Selbstheilungs- und Selbsterneuerungskräfte in Bewegung setzen.

Therapie kann aus dieser Sicht nur bedeuten, das Warum und das Wie dieser aus ihrer gesunden Ruhelage gekommenen Existenz zu erkennen und die aktivierten Selbstheilungs- und Selbsterneuerungskräfte wahrzunehmen und in ihrer Tätigkeit zu unterstützen. Dazu ist uns mit Zilgrei ein sehr brauchbares Instrument an die Hand gegeben — zunächst einmal auf dem Gebiet der Orthopädie, aber auch weit darüber hinaus, wie wir noch sehen werden.

Wenn wir uns aus diesem Blickwinkel mit Zilgrei befassen, stoßen wir bald auf Ähnlichkeiten von Zilgrei mit dem *Autogenen Training* nach J. H. Schultz. In der Tat, die Verwandtschaft zwischen diesen beiden Therapieverfahren ist unverkennbar. Die Erfahrungen in meiner Praxis haben mir allerdings gezeigt, daß das System der Zilgrei-Selbsttherapien dem Autogenen Training in mehrfacher Hinsicht überlegen ist. Und deshalb bin ich der Meinung, daß Zilgrei das Autogene Training in absehbarer Zeit ablösen könnte und sollte.

Beiden Verfahren gemeinsam ist, daß sie zunächst eine gezielte muskuläre Entspannung anstreben, und zwar auf dem Weg über eine Zielvorgabe. Gemeinsam ist ihnen, daß sie über die gezielte muskuläre Entspannung letztlich eine den ganzen Organismus ergreifende und auch die Psyche erfassende Entspannung erreichen wollen. Beide wollen eine Verbesserung der Durchblutung bewirken. Beim Autogenen Training heißt die Zielvorgabe »Schwere«. Damit wird das Ergebnis der angestrebten muskulären Entspannung in der Vorstellung des Patienten vorweggenommen und zur Ausführung dem »bio-kybernetischen System« anheimgegeben. Ganz ähnlich bei Zilgrei.

*Die Zielvorgabe bei Zilgrei heißt »**Deblockierung und Schmerzfreiheit**«. Sie braucht nicht, wie dies im Falle des Autogenen Trainings der Fall ist, auf dem Wege der Selbstsugge-*

stion ausformuliert zu werden, weil sie ja von vornherein das grundsätzliche wie für die einzelne Therapie konkret angestrebte Motiv darstellt. Was für den Zilgrei-Patienten eine Selbstverständlichkeit bedeutet, nämlich eine Entspannung ***bestimmter*** *Muskelpartien anzustreben, erscheint dem Patienten im Autogenen Training nicht auf Anhieb so selbstverständlich.*

Beiden Therapien gemeinsam ist auch das Phänomen der ***Generalisierung,*** *das man in besonderer Weise als »bio-kybernetisches Merkmal« betrachten darf. Beim Autogenen Training tritt die Generalisierung z.B. in der Weise zutage, daß die Selbstsuggestion die Zielvorgabe »Schwere« nur für einen Arm ausformuliert, daß aber bei ein wenig Übung die Entspannung sich auf den anderen Arm, bald auch auf den ganzen Körper ausdehnt. Ähnliche, z.T. noch weitreichendere Generalisierungen können bei Zilgrei beobachtet werden.*

Um das Vorausgegangene zu illustrieren, hier ein Fallbeispiel, das für sich selbst spricht:

Ich bin gerade von meinem ersten Zilgrei-Ausbildungskurs nach München zurückgekehrt, als ich erfahre, daß L. gestürzt ist. Sie ist mit voller Wucht mit dem rechten Fuß gegen den Türpfosten gerutscht. Bluterguß! Der Fuß ist dick geschwollen, er schmerzt und klopft. Er paßt in keinen Schuh mehr. Wir machen einen Test. Aber die Zehen lassen sich weder anheben noch krümmen. Prinzip der Gegenseite? Es gibt keine schmerzfreie Gegenseite! Die Zehen sind so angeschwollen und schmerzhaft verspannt, daß sie sich nicht einmal millimeterweise heben oder senken lassen. Wir können nur auf den Generalisierungseffekt hoffen. Wir versuchen eine Zilgrei-Therapie mit dem anderen, dem linken Fuß, wobei L. die Zehen dort leicht einkrallt. Das Ergebnis: die Zehen des rechten, des verletzten Fußes lassen sich jetzt etwas anheben. Jetzt machen wir am verletzten Fuß selbst weiter. Nach vier oder fünf weiteren Therapien schwillt der Fuß so weit ab, daß L. wenigstens ihre Gummistiefel anziehen und laufen kann. Sie wiederholt später die Therapien noch einmal. Am nächsten Morgen die große Überraschung: auch der Bluterguß ist verschwunden — restlos resorbiert!

Zum Abschluß dieses Kapitels hier noch einige Gedanken dazu, warum ich Zilgrei dem Autogenen Training gegenüber für überlegen halten muß:

1. Zilgrei ist in Aufbau und Anwendung sehr viel konkreter als das Autogene Training. Die schmerzenden Verspannungen und Blockaden werden durch Tests lokalisiert und mit gezielten Therapien beantwortet.

2. Zilgrei kommt dem Bedürfnis nach einer konkreten Vorstellung von dem, was bei der Therapie geschieht, entgegen, auch wenn de facto sehr viel mehr abläuft, als worauf sich die Vorstellung des Patienten beschränkt. Der Einsatz von Selbstsuggestionen ist nicht nur überflüssig, er könnte u.U. sogar das Gefühl von Richtigkeit und Selbstverständlichkeit stören.

3. Durch die Konkretheit der Therapien und ihrer praktischen Durchführung ist Zilgrei leicht zu erlernen und zu behalten.

4. Obwohl Zilgrei ausgesprochenermaßen so konkret ansetzt, hat es, besonders in Verbindung mit der Tiefatmung, eine intensive Wirkung auf den Gesamtorganismus (über die psychosomatischen Wirkungen werden wir im folgenden Kapitel noch einiges nachzutragen haben).

5. Bei Zilgrei stellen sich die therapeutischen Erfolge sehr rasch ein. Sie sind auch für den Patienten selbst gut kontrollierbar.

6. Zilgrei versagt nur bei sehr wenigen Menschen. Paradoxe Wirkungen, wie sie beim Autogenen Training immer wieder beobachtet werden (zunehmende Verspannungen statt Entspannung) sind bei Zilgrei extrem selten.

Schmerzverstärkungen gehen fast immer auf konkrete Fehler zurück, die sich korrigieren lassen. Es gibt auch nur sehr wenige Kontraindikationen (z.B. hochgradige Osteoporose, fortgeschrittene Knochen-TB, Plasmozytom, allgemeine hochgradige Hinfälligkeit).

7. Zilgrei macht einfach mehr Spaß als das Autogene Training, besonders wenn man es in Gruppen oder mit dem Partner zusammen und unter gegenseitiger Kontrolle ausführt. Es wird sehr viel weniger leicht »aufgegeben« als das Autogene Training. Dies sollte man nicht unterschätzen!

Zilgrei in der Psychosomatischen Medizin

Als Hans Geissing auf einer Rheuma-Tagung Anfang November 1982 in Bad Salzschlirf die Zilgrei-Therapie in Deutschland vorstellte, leuchtete mir sofort ein, warum sie wirken konnte, ja wirksam sein mußte. Ich arbeitete bereits seit 1963 mit tiefenpsychologisch orientierten Regressionsmethoden, bei denen ich die physiologische Zwerchfell-Atmung gezielt als Therapeutikum benutzte, um verdrängte Angst-Inhalte wieder erlebbar zu machen und psychosomatische Erkrankungen zu behandeln. Mein Entschluß, die erste in Deutschland angebotene Ausbildungsmöglichkeit in der Zilgrei-Therapie wahrzunehmen, stand sofort fest, weil mir klar war, daß diese Art der Schmerz- und Blockade-Therapie sich hervorragend zur Behandlung psychosomatischer Erkrankungen eignen mußte, die mit muskulären Verspannungen einhergehen. Der erste Kurs fand dann Anfang 1983 in Leonberg bei Stuttgart statt. Seitdem setze ich Zilgrei bei der Behandlung psychosomatischer Erkrankungen ein, wenn das indiziert ist. Meine anfänglichen Erwartungen sind nicht enttäuscht, sie sind eher noch übertroffen worden.

Bevor ich darauf eingehe, muß ich auf ein Problem aufmerksam machen, das von jedem, der mit Zilgrei arbeitet, dringend beachtet werden muß. Es geht dabei um die Tatsache, die mir schon während der Ausbildung bewußt wurde: nicht wenige Patienten haben erhebliche Schwierigkeiten, die auf der physiologischen Zwerchfell-Atmung aufbauende Zilgrei-dynamogene Atmung zu erlernen. Jedem Laien ist die Erscheinung bekannt, daß er bei Schreck unwillkürlich die Luft anhält und bei fortdauernder Angst Probleme mit seiner Atmung bekommt. Es ist nicht ganz abwegig, wenn auch die Problematik verkürzt darstellend, wenn man unter atemtechnischen Gesichtspunkten eine Neurose einmal als physiologisch manifestierten »Dauerschreck« betrachtet. Nun ist niemand von uns unter den gegebenen zivilisatorischen und gesellschaftlichen Voraussetzungen ganz frei von neurotischen Ängsten — auch dann nicht, wenn er sich subjektiv als angstfrei, vielleicht sogar als mutig erlebt. Es ist deshalb auch keine Überraschung, daß praktisch jeder Erwachsene in unserer Zivilisation die uns ursprünglich angeborene Zwerchfell-Atmung erst wieder erlernen muß, wenn er sich mit der Zilgrei-Therapie beschäftigt, es sei denn, er habe, z.B. durch Singübungen, Yoga-Kurse o.ä. die Bauchatmung bereits wieder erlernt.

Die weit über die rein physiologisch erklärbare Schmerzreduktion hinausragende psychische und psychosomatische Wirkung der Zilgrei-Therapie kann deshalb teilweise darauf zurückgeführt werden, daß die ***angstbedingte Reduzierung der Atmung*** *durch die Zilgrei-dynamogene Atmung aufgehoben wird und mit der physiologischen Reaktivierung der Muskeln und Gelenke zugleich eine psychische »Wiederbelebung« des Patienten einsetzt.*

Ein Zilgrei-Therapeut wird sich selbstverständlich darum bemühen wollen, auch einem solchen Patienten die Zilgrei-dynamogene Atmung geduldig zu erklären und mit ihm einzuüben, der dabei anfänglich erhebliche Schwierigkeiten zeigt. Beachtet sei dabei jedoch eine Erfahrung, die meinem Eindruck nach gar nicht so selten auftritt und wegen ihres Gewichts größter Aufmerksamkeit bedarf. Unter jenen Patienten nämlich, die erhebliche Schwierigkeiten mit dem Wiedererlernen der physiologischen Zwerchfell-Atmung haben, befinden sich häufig Menschen, die an einer manifesten oder — noch — latenten Psychose leiden. An diese Möglichkeit sollte man vor allem dann denken, wenn die Atemprobleme bei noch jüngeren Menschen auftreten und mit einer allgemeinen Verspannung einhergehen. Aus der ihnen selbst meist nicht bewußten Sorge heraus, sie könnten von ihren verdrängten und u.a. durch Atem-Reduzierung unter Kontrolle gehaltenen Ängsten überschwemmt werden, wehren sich solche Patienten unbewußt gegen ein Wiedererlernen der physiologischen Zwerchfell-Atmung. Natürlich werden sie in den wenigsten Fällen sagen, sie **möchten** nicht so atmen, sondern sie **könnten** es vielmehr einfach nicht. Und dabei sind sie subjektiv durchaus ehrlich, weil eine vom Unbewußten gesteuerte Abwehrstrategie den Angstdurchbruch zu verhindern sucht. Setzt man einen solchen Patienten jedoch unter sanften Druck, der allein schon durch die Konkurrenzsituation einer Gruppe gegeben sein kann, so vermag es bereits anläßlich relativ weniger »richtiger« Atemzüge zu auffälligen Reaktionen kommen, z.B. zu Angst- und Aggressions-Durchbrüchen, die der Ungeschulte kaum auffangen kann und deren Schwere und Langzeitwirkung leicht unterschätzt werden.

Diese Überlegungen begleiteten mich seit meinen ersten Kontakten mit dem Zilgrei-Selbsthilfesystem. Heute, nach gut 7-jähriger Praxis, muß ich feststellen, daß mir kaum ein Zilgrei-Kurs in Erinnerung ist, bei dem nicht wenigstens einer der Teilnehmer schwerwiegendere Probleme mit der Atmung hatte. In jedem Fall aber war es möglich, die Schwierigkeiten zu überwinden.

Wenn wir uns nun mit dem Einsatz der Zilgrei-Therapie im Rahmen der Psychosomatischen Medizin beschäftigen, müssen wir zwei verschiedene Arten von psychosomatischen Symptomen unterscheiden, bei denen Muskelverspannungen eine Rolle spielen können. Da nämlich die Ursachen in beiden Symptomreihen verschieden sind, fallen dabei der Zilgrei-Therapie und dem Zilgrei-Therapeuten auch verschiedene Rollen zu.

□ **Ausdruckssymptome.** Ihnen liegt ein ungelöster zwischenmenschlicher und innerseelischer Konflikt zugrunde (immer beides zugleich!). Es ist möglich, daß solche Konflikte erst relativ kurze Zeit bestehen. In der Regel haben jedoch auch ganz gegenwärtig ablaufende Konflikte eine lange Vorgeschichte, und die zugehörigen Ausdruckssymptome haben sich bereits fest etabliert.

Die Konflikte selbst sind den Patienten meist nicht einmal bewußt; die Symptome sind dann die einzigen faßbaren Manifestationen des Konflikts. Oft läßt sich aber aus den muskulären Verspannungen direkt ablesen, welcher Art der Konflikt ist. So kann sich z.B. verdrängte und festgehaltene Wut in Muskelverspannungen im Bereich der Arme oder/und im Schultergürtel einen körperlichen

Ausdruck suchen. Dem andern »sitzt die Angst im Nacken«, der Dritte »geht unter einer schweren Last«, den Vierten »tragen die Beine nicht mehr«, und wem »etwas an die Nieren geht«, klagt meist auch über schmerzhafte Verspannungen in der Lendenwirbelsäule.

Patienten, die an solchen psychosomatischen Ausdruckssymptomen leiden, rühren, wenn sie Zilgrei machen und die Symptome aufzulösen beginnen, auf zweierlei Art und Weise an ihren Konflikt: einmal durch die Tiefatmung, mit der sie die versteckte Angst freisetzen, zum andern durch die Auflösung des Symptoms selbst, weil sie dadurch dem Konflikt den zwar vielsagenden, aber non-verbalen Ausdruck entziehen. Beides zusammen bewirkt, daß der innere Druck ansteigt und den versteckten Konflikt dem Bewußtsein nahe bringt.

□ **Erinnerungssymptome**. Dieser Begriff besagt, daß Symptome dieser Art eine direkte körperliche Erinnerung an ein erlittenes Trauma darstellen, in ganz ähnlicher Weise, wie etwa eine schmerzende Narbe eine direkte Erinnerung an einen erlittenen Unfall ist. Die bei dieser Art von Symptomen auftretenden Spannungen und Schmerzen lassen sich am besten mit Phantomschmerzen vergleichen, die nach Amputationen auftreten und die Vorstellung vermitteln, die amputierte Gliedmaße sei noch vorhanden und die Ursache des Schmerzes. Erinnerungssymptome sind für den damit nicht direkt befaßten Therapeuten meist nicht zu erkennen. Ihre Ursachen liegen gewöhnlich sehr weit zurück, vielfach bis zur Geburt oder sogar noch davor. Daß es sich um Symptome einer schweren psychosomatischen Störung handelt, ist für den nicht entsprechend geschulten Therapeuten allein schon deswegen kaum zu durchschauen, weil diese Symptome in der Regel als »bloß somatisch« imponieren. Der psychische Anteil der Erkrankung ist entweder völlig verdrängt, oder er erscheint als selbständige psychische Störung, die scheinbar keinen Zusammenhang mit der körperlichen Symptomatik hat.

Hier nun einige Erkrankungen, bei denen die Zilgrei-Therapie im Rahmen der ursächlichen psychosomatischen Behandlung mit eingesetzt werden sollte. Die Krankheitssymptome stellen in allen genannten Fällen eine direkte

Trauma-Erinnerung dar. Die Schädigungen gehen zum Teil bis vor die Geburt zurück, zum Teil sind sie bei der Geburt selbst oder kurz danach entstanden, auch wenn der Ausbruch der manifesten Erkrankung erst Jahrzehnte danach erfolgt ist:

- □ Die meisten Skoliosen
- □ viele Zervikobrachalsyndrome (Nervenreizzustände und Durchblutungsstörungen)
- □ bestimmte Formen der Hüftgelenksverrenkungen
- □ bestimmte Formen der Kiel- und der Trichterbrust
- □ Morbus Meniére und Tinnitus
- □ bestimmte Formen von Kopfschmerz, Migräne und Epilepsie u.a.m.

Die Kombination von tiefenpsychologisch und körperlich orientierter Psychotherapie mit Zilgrei kann bei diesen Erkrankungen in vielen Fällen erfolgreich sein.

Selbstverständlich gibt es auch viele Erkrankungen, die auf ein gegenwärtiges traumatisches Geschehen zurückgehen, wie z.B. ein Schleudertrauma aufgrund eines Autounfalls. Auf der anatomisch-physiologischen Ebene ist nach einer orthopädischen Behandlung möglicherweise kein Schaden mehr nachweisbar. Trotzdem dauert der Schmerz unter Umständen noch jahrelang an, oder er tritt nach einem symptomfreien Intervall plötzlich wieder auf. Oft wird dann von Gutachtern, vielleicht aus versicherungsrechtlichen Gründen, behauptet, daß kein Zusammenhang mit dem Unfall bestehe. Das ist dann nur insofern richtig, als kein äußerer Schaden am Skelett und in der Muskulatur mehr nachweisbar ist. Tatsächlich aber handelt es sich um ein Erinnerungssymptom mit muskulärer Verspannung, in der der erlebte Schock und die damit verbundene massive Angst festgehalten werden. Auch dieses Erinnerungssymptom kann durch eine Kombination von Psychotherapie und Zilgrei aufgelöst werden.

Zilgrei – Chance für die Gesundheitsvorsorge

In welchem Maße Zilgrei eine wichtige Rolle in der Gesundheitsvorsorge spielen kann und deshalb auch spielen sollte, geht wohl recht deutlich aus den vorangegangenen Kapiteln hervor. Hier einige praktische Hinweise dazu.

Beginnen wir mit dem Erlernen der Therapien:

In vielen Fällen wird es genügen, Zilgrei-Kurse ambulant zu besuchen. Für ältere Patienten und in komplizierteren Fällen ist der Aufenthalt in einem Institut, das mit Unterkunftsmöglichkeiten verbunden ist, anzuraten. Aber nur in extremen Ausnahmefällen wird das eine Klinik oder ein Sanatorium sein müssen. Ein Haus, in dem sich der Patient wie ein privater Feriengast frei bewegen kann, ist vorzuziehen. Bei Zilgrei-Kursen und -Behandlungen ist ein aufwendiger Personal-Apparat nicht nur überflüssig, sondern sogar hinderlich. Zilgrei ist ja ein System von Selbsttherapien. Das Erlernen und die Durchführung von Selbsttherapien setzt Selbstverantwortung voraus, regt sie gleichzeitig aber auch an und stärkt sie systematisch. Jede Art von Betreuung, die dem Patienten einen Teil der Verantwortung abnimmt oder ihn gar in eine passive »Patienten«-Rolle drängt, ist deshalb schädlich und unbedingt zu vermeiden.

Auch die Behandlungskosten sind in einem außerklinischen Betrieb mit Sicherheit niedriger. Da Zilgrei-Kurse in Gruppen durchgeführt werden können, lassen sich die Kursgebühren durchaus attraktiv gestalten.

Teure Medikamente wie Kortison und Schmerzmittel fallen ebenfalls weg.

Und die Nachwirkungen?

Wer Zilgrei erlernt hat und zu Hause anwendet, hat deutlich weniger Neigung, bei »rheumatischen« Beschwerden und andersartigen Verspannungen sofort den Arzt aufzusuchen oder sich gar eine Kur verschreiben zu lassen. Was aber wohl bei allem das wichtigste Moment ist: wer sich daran gewöhnt, regelmäßig Zilgrei zu machen, beugt damit schweren Dauerschäden vor.

Zilgrei steht für
die »neue Medizin« überhaupt:
Zilgrei nützt jedem, und jeder kann es erlernen.
Zilgrei ist durchschaubar und für jedermann verständlich.
Zilgrei ist wegen seiner konkreten Anwendungsmöglichkeiten leicht zu behalten.
Zilgrei ist einfach für Menschen, die bereit sind, zu lernen, das Erworbene auszuprobieren und für sich selbst Verantwortung zu übernehmen.
Zilgrei eignet sich nicht
als Teil einer überlebten »alten Medizin«:
Zilgrei ist zu kompliziert für Menschen, die es gewöhnt sind, ihre Verantwortung zusammen mit dem Krankenschein an der Praxistür abzugeben;
die sich lieber vom Therapeuten bedienen und manipulieren lassen, als selbst aktiv zu werden;
die es vorziehen, stundenlang im Wartezimmer auf das erlösende »Der-Nächste-Bitte!« zu hoffen als sich am Tage wenige Minuten lang mit sich selber zu beschäftigen!

Wo und wie eigne ich mir Zilgrei am besten an?

Sich die Zilgrei-Selbstbehandlungsmethode im Eigenstudium beizubringen ist ein Weg, der viel Disziplin und eine hohe Motivation (die bei Schmerzkranken jedoch vorausgesetzt werden sollte) erfordert. Wer ein solches Unternehmen also in Angriff nehmen möchte, der halte sich an die grundsätzlichen Prinzipien, wie sie in den betreffenden Kapiteln unseres Ratgebers beschrieben werden sowie an die ausgewählten Therapien, wie sie im anschließenden **Anhang: Zilgrei anschaulich** beispielhaft in Wort und Bild vom Autor vorgestellt werden. Ausführliche Anleitungen mit detaillierten Zeichnungen und genauen Beschreibungen finden sich in dem Zilgrei-Handbuch: Adriana Zillo / Hans Greissing: *Neue Hoffnung: ZILGREI* (Mosaik-Verlag, München).

Nicht jeder wird jedoch von sich aus und auf Anhieb durch ein solches »Selbststudium« alle durch Zilgrei eröffneten Möglichkeiten für seine konkreten Beschwerden voll ausnützen können. Am erfolgversprechendsten und sinnvollsten ist es deshalb, Zilgrei in Kursen zu erlernen, die von Zilgrei-Therapeuten und -Lehrern angeboten werden. Sie führen in die Grundlagen dieses therapeutischen Systems ein und machen mit den wichtigsten Einzeltherapien bekannt.

Ältere Menschen und solche Patienten, die schon länger an ihren Beschwerden leiden, sollten sich besser direkt in die Praxis eines ausgebildeten Zilgrei-Therapeuten begeben, der die notwendigen Tests durchführen, Röntgenbilder lesen und die erforderlichen spezifischen Therapien aussuchen und vermitteln kann.

Eine Liste der in der Bundesrepublik und in Österreich ausgebildeten und zugelassenen Zilgrei-Therapeuten erhalten Sie auf Anfrage (gegen Einsendung von DM 10,-) bei der ***Deutschen Zilgrei-Gesellschaft,***

Savignystr. 80, 60325 Frankfurt/Main 1, ☎ 069/749584.

In komplizierteren Fällen, z.B. zur Behandlung von Skoliosen, kann es ratsam sein, eine Praxis mit angeschlossener Unterkunftsmöglichkeit oder ein Kurheim aufzusuchen, um dort unter ständiger Kontrolle die angezeigten Therapien zu erlernen und deren Wirkung täglich zu testen.

In den meisten Fällen dürfte ein Aufenthalt von zwei Wochen dazu ausreichen. Leider gibt es bisher nur sehr wenige Häuser, in denen Zilgrei-Therapie »stationär« durchgeführt wird.

*Eine dieser wenigen anerkannten Therapiestätten, an der dieses Selbsthilfesystem für Schmerzkranke seit nun bereits rund sieben Jahren praktiziert wird, sei hier abschließend noch besonders erwähnt, und zwar das **Haus Margeritenhof** (Eichenweg 1, 83229 Aschau, ☎ 08052/90470). Die Pension bietet in gut eingerichten Appartments ein umfangreiches Angebot für »Gesundheitsurlauber« (Vollwertkost, Fasten- und Zilgreikurse).*

Zilgrei anschaulich

Mit jeder Therapie — so auch mit den Möglichkeiten, die Zilgrei bietet — kann man so unvernünftig umgehen, daß die positive Wirkung infrage gestellt wird. Adriana Zillo und Hans Greising haben in ihrem Buch auf viele mögliche Fehlerquellen hingewiesen. Das soll hier nicht wiederholt werden. Ich möchte vielmehr anhand einiger Fotos darüber berichten, auf welche Weise in einem einwöchigen grundlegenden Kurs besonders positive Erfahrungen mit Zilgrei gemacht werden können.

Wenn Sie akute Schmerzen haben und sich aus dem Zilgrei-Buch die dafür passende Therapie gezielt aussuchen, werden Sie damit wahrscheinlich einen gewissen Erfolg haben. Die Möglichkeiten, die das System der Zilgrei-Selbsttherapien bietet, schöpfen Sie auf diese Weise jedoch bei weitem nicht aus.

Zur Bekämpfung eines akuten lokalen Schmerzes eine bestimmte Therapie auszusuchen und anzuwenden, also eine reine Symptombekämpfung zu betreiben, entspricht einem statischen Denken, das mit der Entwicklung des Systems der Zilgrei-Selbsttherapien grundsätzlich überwunden wurde. Zilgrei ist ein *dynamisches* Therapiekonzept, das der immanenten Entwicklung des lebendigen Organismus folgt. Erst dadurch vermag er die uns innewohnenden Selbstheilungs- und Selbsterneuerungskräfte voll zu entfallten.

> *»Steht er mit festen,*
> *markigen Knochen*
> *auf der wohlgegründeten*
> *dauernden Erde.«*

Mit diesem Vierzeiler umschreibt J. W. von Goethe in seinem Gedicht »Grenzen der Menschheit« genau jenen Ort, an dem die Dynamik des menschlichen Skeletts mit der aufgerichteten Wirbelsäule und der sie aufrecht haltenden Muskulatur beginnt: unsere Füße und Beine, von denen aus sich unser Körper senkrecht entgegen der Schwerkraft entwickelt.

Um einem möglichen Mißverständnis von vornherein entgegenzutreten: ich bin kein Anhänger jener These, die da behauptet, die vielfältigen Beschwerden im Bereich des menschlichen Skeletts gingen weitgehend darauf zurück, daß sich der Mensch im Laufe einer Jahrmillionen währenden Entwicklungsgeschichte aus einer mehr waagerechten Körperhaltung erst allmählich aufgerichtet habe, und daß dieser Prozeß der Aufrichtung noch nicht voll abgeschlossen, die Probleme des Übergangs noch nicht überwunden seien.

Sicher ist aber, daß der aufrechte Gang des Menschen eine Dynamik umfaßt, die sich, von den Füßen beginnend, nach oben hin bis in den Kopf hinein fortsetzt. So kann z.B. eine fehlerhafte Fußstellung sich als latente Verspannung durch den ganzen Körper hindurch fortpflanzen und einen dauernden Kopfschmerz erzeugen, gegen den »kein Kraut gewachsen ist« — um nur ein Beispiel zu nennen.

Deshalb sollte ein grundlegender Zilgrei-Kurs auch damit beginnen, daß wir uns selbst und gegenseitig »auf die Füße schauen« und entsprechende Therapien erlernen.

Die bei den Füßen beginnende und nach oben zum Kopf hin sich fortsetzende Dynamik des menschlichen Skeletts und seiner Muskulatur umfaßt ein Phänomen, das den Verlauf von Krankheitsprozessen in diesem Bereich überhaupt erst verständlich macht: *die kompensatorischen Bewegungen und Haltungen.* Sie bilden auch den Leitfaden für einen grundlegenden Kurs, wie er anhand des nachfolgenden Bildmaterials anschaulich gemacht werden soll.

Was »kompensatorische Bewegungen und Haltungen« sind, bekommt fast jeder Mensch im Laufe seines Lebens einmal oder mehrfach akut zu spüren; z.B. wenn er wegen einer Beinverletzung mit dem betroffenen Bein nicht richtig auftreten kann und nach einiger Zeit des Gehens in Schonhaltung Schmerzen im Becken und in der Lendenwirbelsäule bekommt. Diese Schmerzen entstehen dadurch, daß wegen der Schonhaltung die biologisch programmierte Aufrichtung des Körpers, seine »Statik«, infrage gestellt ist, und daß es nun oberhalb der betroffenen Muskulatur zu muskulären Gegenspannungen kommt, die den Sinn haben, durch Ausgleichshaltungen bzw. Ausgleichsbewegungen die Statik wiederherzustellen. Besonders eindrucksvoll verlaufen die kompensatorischen Bewegungen bei der Skoliose, die meist mit einer Beckenschiefstellung beginnt und als ersten Ausgleichsversuch zu einer seitlichen Biegung in der Lendenwirbelsäule führt. Die zweite kompensatorische Bewegung nach oben folgt bald nach, indem sich die Brustwirbelsäule in einer Art Halbmondbewegung zur Wiederherstellung der »Statik« dem dynamischen Ausgleichsgeschehen anschließt. Meist folgt bald darauf die dritte kompensatorische Bewegung nach, die dann zur seitlichen S-Form einer voll ausgeprägten Skoliose führt.

Wenn man bei der kursmäßigen Aneignung der wichtigsten Zilgrei-Therapien der Dynamik unseres Skeletts und seiner Muskulatur von unten nach oben folgt, stellt man mit Erstaunen fest, wie auch die vorhandenen Verspannungen und Schmerzen allmählich nach oben wandern.

Das ist ganz und gar logisch: Hatte die weiter unten gelegene muskuläre Verspannung zu einer kompensatorischen Bewegung, und damit zu einer höher gelegenen Gegenspannung geführt, so wird diese durch die Auflösung der basalen Spannung mittels Zilgrei-Therapie überflüssig und macht sich nun selbst als schmerzhafte Verspannung, die ebenfalls der Auflösung durch eine gezielte Therapie bedarf, bemerkbar.
Unsere Bildfolge beginnt nun nicht bei den Füßen, Beinen, Knien etc., sondern beim Phänomen des »scheinbar kürzeren Beins«, von dem besonders viele Wirbelsäulenschäden ihren Ausgang nehmen.

Bild Nr. 1 zeigt die Untersuchung des »scheinbar kürzeren Beins« auf einer Spezialliege. Deren »Spezialität« besteht darin, daß sie für das Gesicht einen genügend großen Ausschnitt aufweist. Muß nämlich der Kopf wegen des fehlenden Ausschnitts nach rechts oder links gelegt werden, so kommt es beim rechten oder linken Bein zu einer entsprechenden scheinbaren Verlängerung. Der tatsächliche Unterschied der beiden Beine im Sinne des »scheinbar kürzeren Beins« ist dann nicht abzuschätzen.

Das ist übrigens auch der Grund, warum Röntgenbilder von Becken und Wirbelsäule für Zilgrei-Behandlungen grundsätzlich im *Stehen*, ohne Schuhe, angefertigt werden sollen. Das Liegen auf dem Röntgentisch verändert die Verhältnisse in Wirbelsäule und Becken durch die unvermeidliche Kopfdrehung beträchtlich.

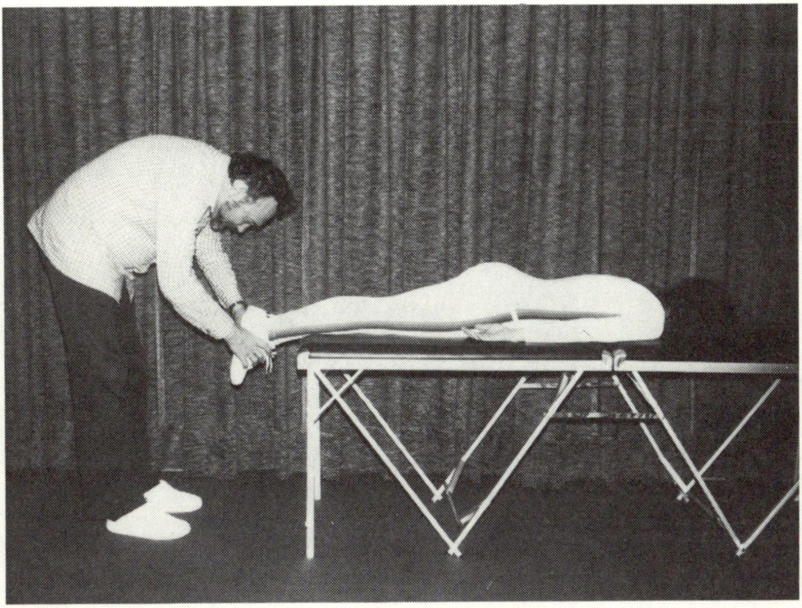

Nr. 1 Test »Scheinbar kürzeres Bein«

Bild Nr. 2 demonstriert die Ursache für das »scheinbar kürzere Bein«, hier das rechte: Die rechte Beckenschaufel ist nach hinten-unten (PI) gekippt. Das rechte Hüftgelenk ist dadurch höher gezogen, das Bein erscheint kürzer.

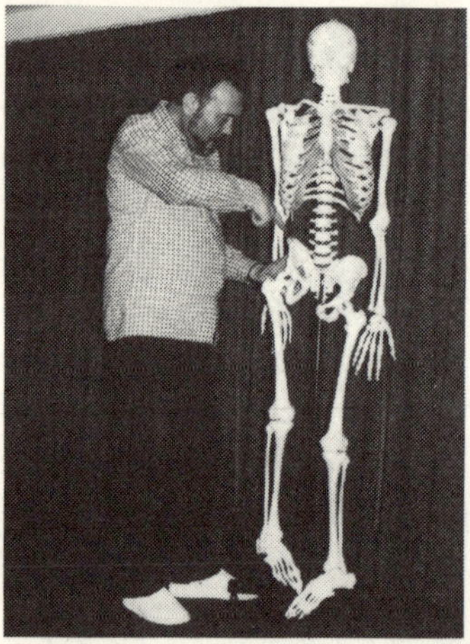

Nr. 2
Anatomie und Physiologie des »Scheinbar kürzeren Beins«

Bild Nr. 3 zeigt das Untersuchungsergebnis von Bild Nr. 1: Die exakt parallel aneinander gelegten Schuhsohlen differieren um gut 2 cm, um die das rechte Bein scheinbar kürzer ist.

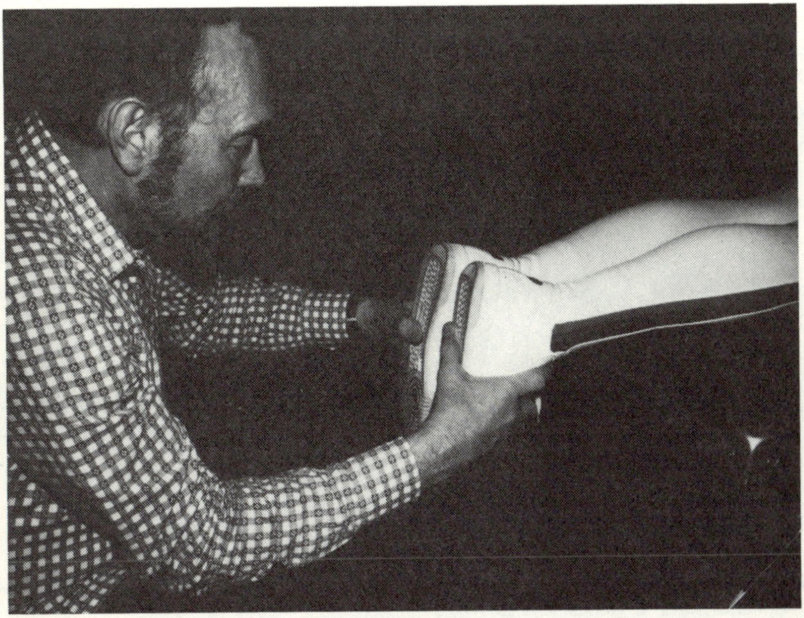

Nr. 3 »Scheinbar kürzeres Bein« — Ergebnis

Bild Nr. 4: Zwei sehr wirksame Therapien stehen zur Verfügung, das »scheinbar kürzere Bein« zu korrigieren. Die hier vorgeführte Therapie »Ortolan« nutzt die Schwerkraft des betroffenen Beins, das an der Kante der Liege (oder des Betts) herabgehängt wird. Diese Therapie ist sehr einfach durchzuführen. Sie hat obendrein den Vorteil, daß die Einwirkung der Schwerkraft durch mehr oder weniger weite Auflage des herabhängenden Beins auf der Bettkante dosiert werden kann.

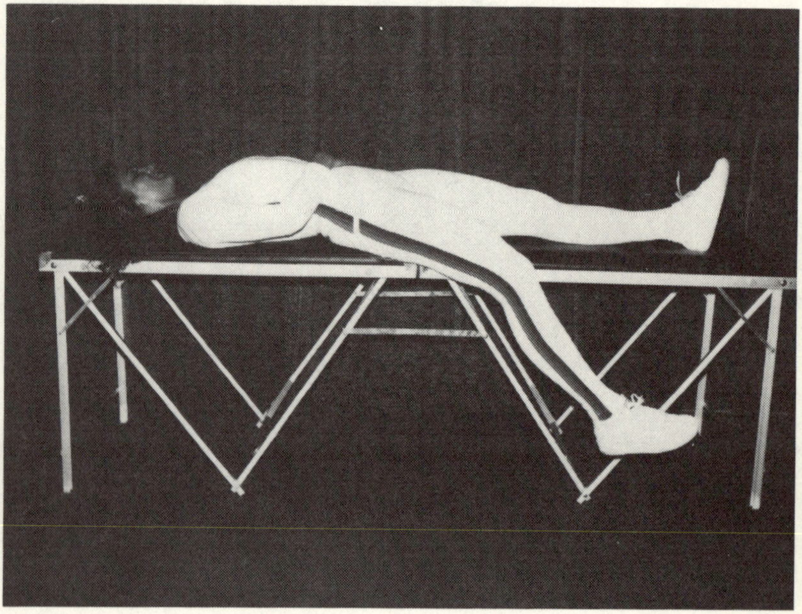

Nr. 4 »Ortolan«

Bild Nr. 5: Die Therapie »Kranich« ist nicht weniger wirksam, muß jedoch besonders exakt durchgeführt werden. Man macht einen kleinen Schritt vorwärts, wobei das »scheinbar kürzere Bein« hinten stehen bleibt. Wichtig ist, daß das Körpergewicht auf beide Füße gleichmäßig verteilt wird. Wenn das Gewicht hauptsächlich auf dem hinten stehenden »scheinbar kürzeren Bein« belassen bleibt, wird kein therapeutischer Effekt erzielt. Belastet man jedoch überwiegend das vordere Bein (hier das linke), so kommt es leicht zu unerwünschten Verspannungen im Bereich der rechten Wadenmuskulatur. Es ist wichtig, sich bei dieser Therapie mit einer Hand, am besten an der Seite des »scheinbar kürzeren Beins«, festzuhalten. Wir empfehlen, dafür eine Türklinke zu benützen, weil sie durch ihre bequeme Höhe ein unverkrampftes Festhalten ermöglicht. Diese Therapieform eignet sich sehr gut zur allgemeinen Mobilisierung der Sakro-Iliakalgelenke (Becken, Hüfte, Oberschenkel).

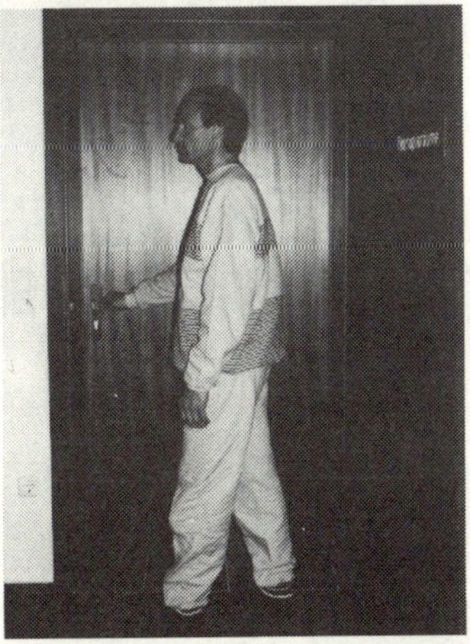

Nr. 5
»Kranich«

Bilder Nr. 6 und Nr. 7: Die beiden Therapien »Krähe« (Bild Nr. 6) und »Elster« (Bild Nr. 7) sind äußerst wirksam bei Beschwerden im gesamten Bereich von Becken- und Lendenwirbelsäule. Sie werden gezielt bei *Ischias* und *Lumbago (»Hexenschuß«)* eingesetzt. Im grundlegenden Kurs dienen sie uns als Basis-Therapien, um die Dynamik von den Oberschenkeln her über das Becken und die Lendenwirbelsäule bis in die Brust- und Halswirbelsäule hinein erlebbar zu machen. Bei der Durchführung sollten besonders ältere Menschen, bei denen die Fußgelenke

Nr. 6 »Krähe«

nicht mehr im vollen Umfang schmerzfrei beweglich sind, darauf achten, daß sie Unterschenkel und Füße nicht zu flach an den Boden pressen, weil es sonst zu unerwünschten Verspannungen in den Unterschenkeln kommt. Wir empfehlen deshalb, diese Therapien entweder quer auf dem Bett kniend durchzuführen, wobei man die Füße — wie auf dem

Bild demonstriert — an der Bettkante herabhängen läßt, oder aber, falls das Bett zu weich ist, sie am Boden kniend durchzuführen und sich dabei ein dickes, weiches Kissen unter die Fußgelenke zu legen.

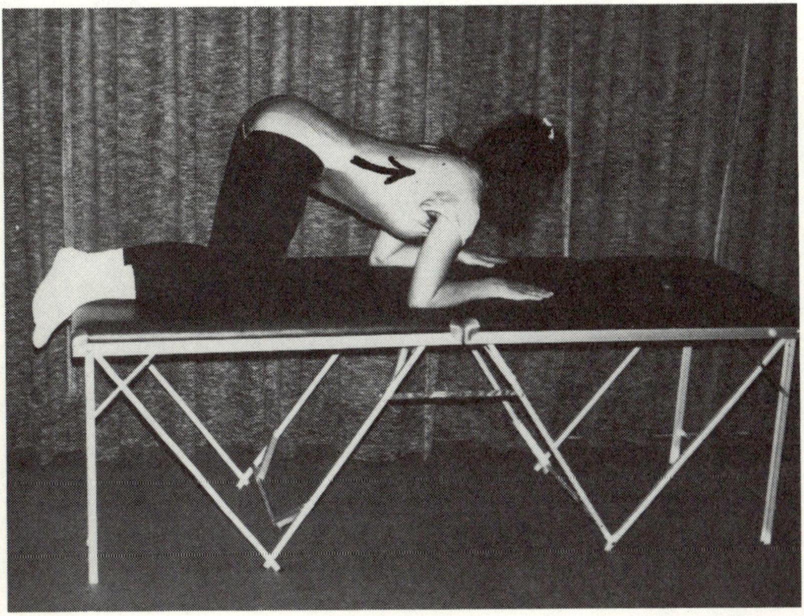

Nr. 7 »Elster«

Bild Nr. 8: Mit der Therapie »Adler« verfolgen wir die muskulären Verspannungen vom Becken und den Hüftgelenken aufwärts über Lenden- und Brustwirbelsäule bis in die Halswirbelsäule hinein.

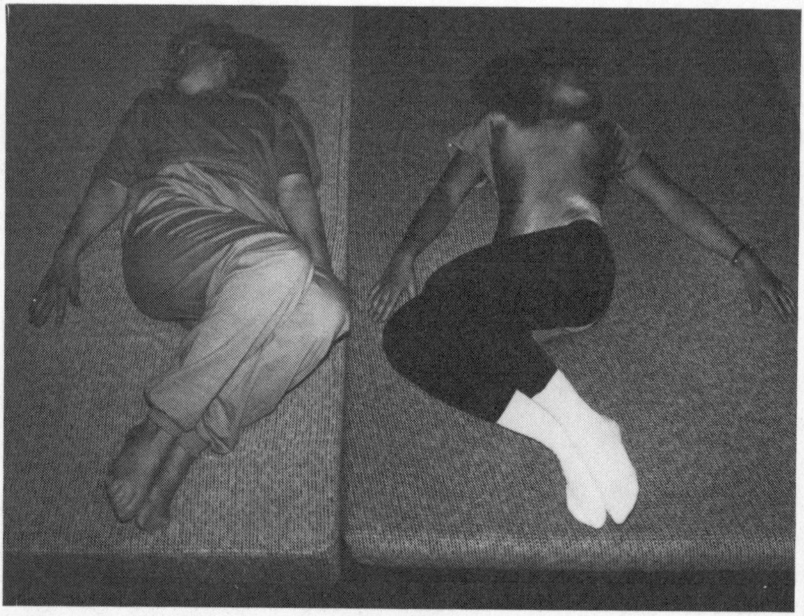

Nr. 8 »Adler«

Hier soll nocheinmal daran erinnert werden, was bereits im theoretischen Teil ausführlich erläutert wurde: daß nämlich alle Zilgrei-Therapien nach dem »Prinzip der Gegenseite« durchgeführt werden. Jeder Therapie geht ein dementsprechender Test voraus, durch den wir ermitteln, welche Bewegung einen Schmerz hervorruft oder verstärkt bzw. welche blockiert ist. Das gilt selbstverständlich auch für den grundlegenden Kurs. Im vorliegenden Bild hatte die Dame links im Bild Schmerzen bei der Kniebewegung nach rechts, die Dame auf der rechten Bildhälfte eine Blockade bei der Kniebewegung nach links. Hier sehen wir die für die Therapie »Adler«

eingenommene Haltung nach dem »Prinzip der Gegenseite«. Bitte beachten Sie auch, daß alle dargestellten Haltungen und Bewegungen grundsätzlich mit der »Zilgrei-dynamogenen Atmung« verbunden werden. Diese besondere Form der Atmung, wie wir sie in den einleitenden Kapiteln kennengelernt haben, kann ihrerseits in verschiedenen Varianten durchgeführt werden — woraus insgesamt zahlreiche Varianten und auf den Einzelfall zugeschnittene Therapiemöglichkeiten resultieren.

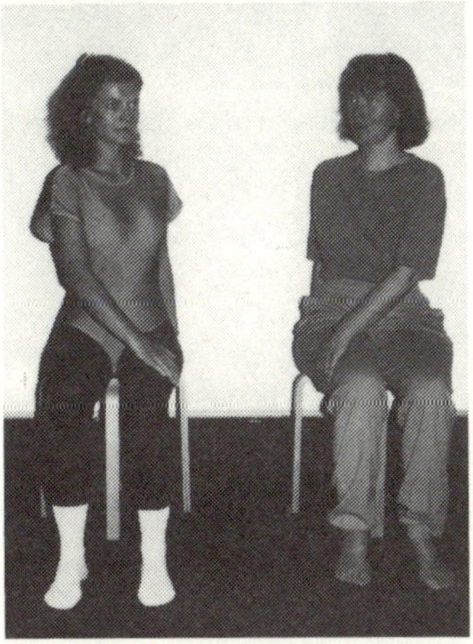

Nr. 9
»Eisvogel«

Bilder Nr. 9 und Nr. 10: Auch die Therapien »Eisvogel« (Nr. 9) und »Schwan« (Nr. 10) mobilisieren, hintereinander durchgeführt, die gesamte Wirbelsäule vom Becken an bis zu den Halswirbeln. Übrigens eine typische Bildfolge: wenn die Drehung in der Lendenwirbelsäule nach rechts Schwierigkeiten bereitet, ist es bei der Drehung der Halswirbelsäule fast regelmäßig umgekehrt; dann treten die Schmerzen oder Blockaden bei der Linksdrehung auf.

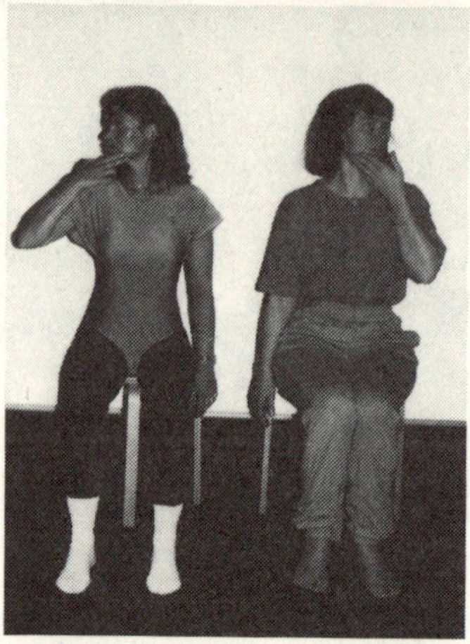

Nr. 10
»Schwan«

Bild Nr. 11: Die Therapie »Blaukehlchen« dient der Mobilisierung der Wirbelsäule auf der Sagittalebene. Sie wird von der Dame links im Bild wegen einer Hyperlordose der Lendenwirbelsäule nach hinten, von der Dame rechts wegen eines Unfallschadens in der Lendenwirbelsäule nach vorn ausgeführt. Das »Blaukehlchen« gehört mit zu den wichtigsten grundlegenden Therapien.

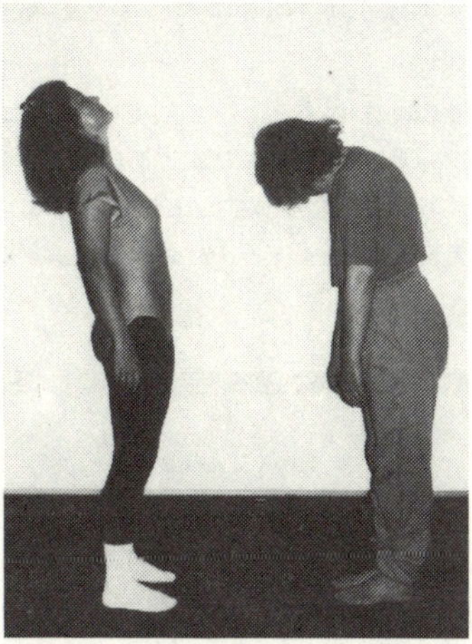

Nr. 11
»Blaukehlchen«

Im Kurs führen wir diese Therapie nach vorausgehendem Test auch im Sitzen durch. Dabei ist es interessant zu beobachten, wie sich die muskulären Spannungs-Verhältnisse zwischen stehender und sitzender Ausführung verändern. Spätestens bei diesem Vergleich wird jedem deutlich, daß muskuläre Verspannungen und Schmerzen nichts Statisches, nichts lokal Fixiertes sind, sondern sich entsprechend unseren Haltungen und Bewegungen dynamisch verändern.

Bild Nr. 12: Die Therapie »Kuckuck« kommt, neben einigen anderen Therapien, bei Problemen im Bereich der Schultergelenke, z.B. beim Schulter-Arm-Syndrom in Betracht. Mit dieser Anwendung schließen wir die auf einen grundlegenden Kurs zur Einführung in das System der Zilgrei-Selbsttherapien bezogene Bildfolge ab. Ein solcher Kurs umfaßt eine Vielzahl von Therapien, wie sie von den Begründern des Verfahrens, Zillo und Greising entwickelt wurden. Die hier getroffene Auswahl sollte vor allem die Dynamik des Therapiesystems und des Kurskonzeptes belegen.

Die vier letzten Bilder zeigen Therapien, die in gezielten Einzelbehandlungen zur Anwendung kommen, und zwar besonders zur Behandlung solcher psychosomatischer Erkrankungen, die mit »Erinnerungssymptomen« (siehe auch das Kapitel zu Zilgrei in der Psychosomatischen Medizin) verbunden sind.

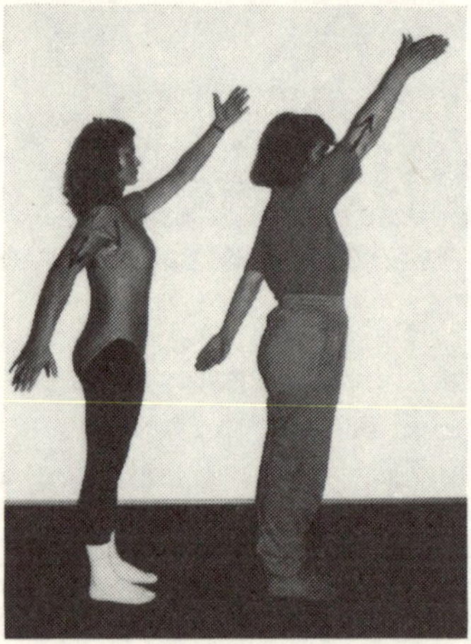

Nr. 12
»Kuckuck«

Bild Nr. 13: Die dargestellte Therapie, die in das Konzept der Skoliosebehandlung gehört, besteht in der Streckung eines Arms nach oben und der gleichzeitigen Streckung des Beines auf der gleichen Seite nach unten. Der andere Fuß braucht dazu einen erhöhten und sicheren Stand. Diese Therapie wird von uns nicht nur bei ausgeprägten Skoliosen eingesetzt, sondern auch bei rezidivierenden Verspannungen der Rückenmuskulatur, wenn sie als »Ausdruckssymptom« erkennbarer Konfliktlagen oder gar als »Erinnerungssymptom« an ein unverarbeitetes traumatisches Geburtsgeschehen zu erfassen sind.

Nr. 13

Die nächsten drei Fotos zeigen assistierte Therapien, die — wenn sie gut eingeübt sind — von Partnern ohne Hilfe eines Therapeuten durchgeführt werden können. Wenn sie im Rahmen einer psychosomatischen Behandlung durchgeführt werden, ist die regelmäßige Überwachung durch den behandelnden Therapeuten jedoch unerläßlich. Sie greifen nämlich in unbewußte Konflikte bzw. in verdrängtes traumatisches Geschehen ein und können bei unsachgemäßer Handhabung zu lawinenartigen Durchbrüchen des Verdrängten mit massiven Gefühlsüberschwemmungen führen.

Bild Nr. 14: Die assistierte Therapie »Pinie« führt durch leichte Streckung der gesamten Wirbelsäule zu einer angenehmen Entspannung. In der Psychosomatik wird sie, ähnlich wie die in Bild Nr. 13 dargestellte Selbsttherapie, gezielt bei solchen Verspannungen der Rückenmuskulatur eingesetzt, die als »Ausdruckssymptom« oder »Erinnerungssymptom« erkannt worden sind.

Nr. 14
»Pinie«

Bilder Nr. 15 und Nr. 16: Die assistierten Therapien »Pappel« (Nr. 15) und »Tanne« (Nr. 16) dienen in erster Linie der Entspannung der Hals- und Nackenmuskulatur, wobei sich die Wirkung der Therapie »Pappel« deutlich spürbar bis in die Lendenwirbelsäule verfolgen läßt. Hier wird der mit der linken Hand des Partners locker unterstützte Kopf der Patientin am Kinn mit der rechten Hand leicht angezogen. Falls der Zug symptomauslösend ist, wird der Kopf leicht in die Schultern gedrückt (beim Zug Ausatmung, beim Druck Einatmung!). Bei der Therapie »Tanne« ist es wichtig, daß der Patient bewußt die Kontrolle über seine Hals- und Nackenmuskulatur aufgibt und sich der langsamen Abwärtsbewegung des Kopfes (Überstreckung der Halswirbelsäule) bei Einatmung und der Aufwärtsbewegung des Kopfes zur Brust hin (Beugung der Halswirbelsäule) bei Ausatmung völlig überläßt. Bei dieser Therapie haben sehr viele Patienten Schwierigkeiten: sie können die Kontrolle

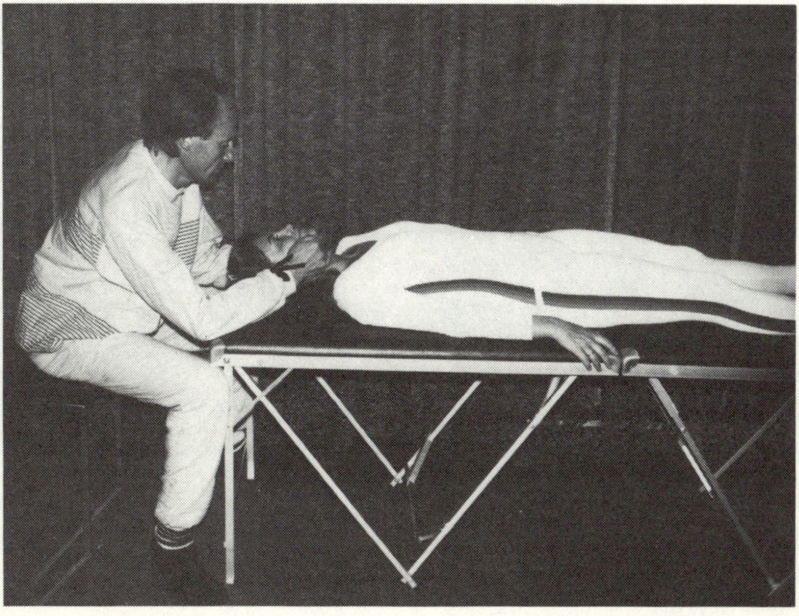

Nr. 15 »Pappel«

nicht aufgeben, haben Angst, es könnte ihnen etwas Schlimmes passieren. In diesen Symptomen werden bereits psychosomatische Störungen sichtbar, zu deren Behandlung gerade diese beiden Therapien angewendet werden. Ein besonderes Gewicht haben sie bei der ganzheitlichen Behandlung der Migräne und der Innenohr-Erkrankungen, »Idiopathischer Hörsturz«, »Menièresche Erkrankung« und »Tinnitus« (Ohrgeräusche). Dazu verweise ich abschließend auf mein 1989 im Unimed Verlag München/Hamm erschienenes Buch: *»Streik im Innenohr. Hörsturz, Morbus Menière und Tinnitus aus psychosomatischer Sicht«* (ISBN 3-927599-00-X).

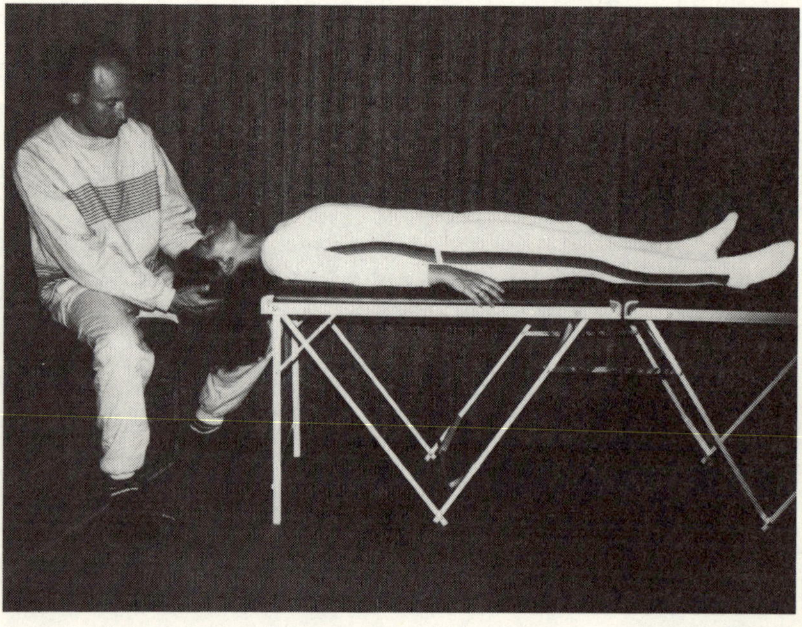

Nr. 16 »Tanne«

Journal für gesundes Leben

Zwei »Geheimrezepturen« der Natur!

Wer glaubt, er weiß genug über Vitamin C – der irrt!

Das praktische „Handbuch vom Vitamin C" zeigt Ihnen, wie Sie die geradezu wundersame dreifache Wirkung des Stoffes konkret und sofort für Ihr Wohlergehen nutzen können, wie Sie nämlich

Ihr Immunsystem nachhaltig kräftigen

(z.B. gegen innere Feinde wie Krebszellen oder äußere Eindringlinge wie Bakterien oder Viren),

sich vor gefährlichen Schadstoffen schützen und jugendliche Frische

auch in späteren Lebensjahren bewahren und Ihre geistige und körperliche Spannkraft und Flexibilität zuverlässig erhalten können.

neu!

80 Seiten, DM 15,–

Handbuch vom Vitamin C

Informieren Sie sich näher darüber in unserem neuen, spannend geschriebenen Ratgeber. Lernen Sie ein wirksames, hilfreiches Prinzip der Natur kennen: Die Chance, Ihren Stoffwechsel zu „ökonomisieren" und dadurch an Widerstandskraft spürbar zu gewinnen.

neu!

Praxis der Entschlackung

Das neue Buch behandelt ganz zentrale Fragen:

- Wie reinigen wir das Zellgewebe des Organismus und erlauben einen ungestörten Nähr- und Wirkstofftransport sowie gesunde Organfunktionen?
- Wie schaffen wir aktiv jene unerhört wichtigen Voraussetzungen, die es unserem Immunsystem erlauben, seine vielfältigen Schutzfunktionen wirkungsvoll zu entfalten?

80 Seiten, DM 15,–

Einiges aus dem Inhalt: Die wichtigsten Entschlackungstips. **Säfte, Kräuter, Wildpflanzen,** Heilkräuter und ihre Wirkungen. **Säure-Basen-Haushalt.** Die Bedeutung des **Chlorophylls,** Säfte-Cocktails für besondere Lebens- und Problemlagen. **Tagesprogramme** für Entschlackungskuren ... und vieles andere mehr.

Ernährung – Generalschlüssel zu den „Schatzkammern der Gesundheit“!

3. und erweiterte Auflage:

Geistig jungbleiben

Ein bekannter Ganzheitsmediziner offenbart hier das Geheimnis

- anhaltender „geistiger Jugend“

und zeigt, wie

- Gedächtnis, Konzentration und Intelligenz dauerhaft erhalten bzw. gestärkt werden können.

Als wahre Lebenselixiere für das Nervensystem erweisen sich dabei natürliche Wirkstoffkomplexe, die auch das wirksamste Mittel darstellen, um schweren Formen der Hirnleistungsstörungen vorzubeugen (Demenz, Alzheimer Krankheit).

88 Seiten, DM 16,50

Soeben in 6. Auflage erschienen:

Praktische Ernährungsmedizin

Es gibt seit langem Beweise dafür, daß

- Herzinfarkt/Arteriosklerose
- Krebs
- Diabetes und andere Stoffwechselleiden
- sogenannte Alterserscheinungen

durch hochwertige natürliche Nahrungssubstanzen vermeidbar, beeinflußbar, ja in vielen Fällen heilbar sind!

Wie Sie dieses Wissen nutzbar machen können, erfahren Sie aus dem Ratgeber »Praktische Ernährungsmedizin«.

112 Seiten, DM 18,–

Bereits in 5. Auflage:

Heilen mit Bierhefe

Wunderlebewesen und Wirkstoffmulti der Natur hat man sie genannt: die Bierhefe. Aus ihrem

- Reichtum an lebenswichtigen Inhaltsstoffen

erklärt es sich, warum diese Natursubstanz so vielfältige Wirkungen entfaltet, so. z.B.

- als bedeutender Träger von Schutzfaktoren gegen Umweltgifte und
- bei Gefäßerkrankungen (Herz, Durchblutung), Diabetes, Leberkrankheiten, Hautproblemen und sogar bei Krebs.

64 Seiten, DM 15,–

80 Seiten, DM 15,-

Neu: »Garten der Düfte«

In dieser Neuerscheinung erfahren Sie alles über die Möglichkeiten (und Grenzen) heilsam-balsamischer Duftöle für alle Lebenslagen, für kranke und gesunde Tage.

Aus dem Inhalt: ● Therapie mit Aromen? ● Was sind »ätherische Öle« oder »Essenzen«? ● Hauptwirkungsweise der Duftöle ● Duftöle in der Anwendung (Inhalation, Massage, Einnahme, Duftlampe) ● Lexikon der Duftöle (von Anis bis Zypresse).

Ratgeber Fastenkuren

- mit einem ABC des Heilfastens (Buchinger, Mayr, Breuß u.a.)
- einer ausführlichen Vorstellung zahlreicher Fastenhäuser für Klinik, Kur und Urlaub in Wort und Bild.

Ein unentbehrlicher Ratgeber für Entschlackung und Abnehmen ohne Risiko!

64 Seiten, DM 12,-

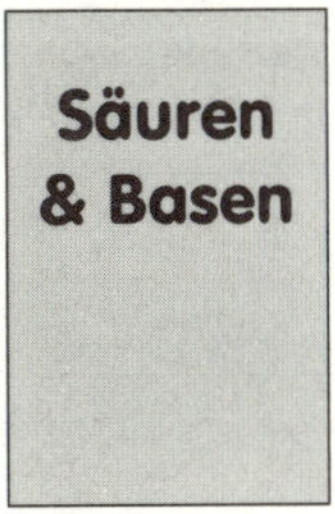

ca. 60 Seiten, DM 14,-

neu! im August 1994

Die Säure-Basen-Balance

Macht ● ***Übersäuerung*** krank? Wie lassen sich Risiken erkennen und meistern? Neue Hinweise zur Möglichkeit der ● ***Lebensverlängerung***. Praktische Tips zur ***Schutzkost*** (Basen-Plus-Ernährung). Umfassende Tabellen geben Auskunft zum ● ***Säure- und Basengehalt aller üblichen Lebensmittel***, und zwar auf der Grundlage ● ***neuester Analysenwerte!***

neu!

196 S., geb., DM 26,-

Neue Wege zur Gesundheit

... eröffnet mit dieser Neuerscheinung ein bekannter Ernährungsexperte und erfahrener Seminarleiter:

- Wie bremst man den Alterungsprozeß der Körperzellen?
- Der präzise funktionierende Darm: ein solides Fundament, um länger jung, gesund und vital zu bleiben.
- Welche speziellen Heilwirkungen haben die einzelnen Gemüse-, Obst-, Getreide- und Kräutersorten?
- Tips bei Verdauungsstörungen und Kostumstellung. Natürliche Enzymquellen.
- 21 pikante und symbiosefreundliche Rezepte zur Regeneration der lebenswichtigen Darmflora!

Zilgrei – Aktiv gegen den Schmerz!

Zilgrei ist ein neuartiges Selbsthilfesystem bei Schmerzen (Rheuma, Migräne u.a.) und kombiniert

- therapeutische Bewegung sowie
- eine spezielle Tiefenatmung.

Es hat sich in vielen Fällen bewährt, wo andere Maßnahmen versagten.

63 Seiten, DM 12,-

O Trost der Welt

Ein ermunterndes Geschenk für sich und Nahestehende. Das kleine Buch gibt ● wertvolle Gedanken aus Dichtung und praktischer Philosophie weiter, die Mut machen, ● gelassener, freudvoller seine Tage zu verbringen und zur wahren ● Lebenskunst zu finden. Die Themen sind zeitlos: Liebe, Heimat, Natur, Glück, Gesundheit, Beruf(ung) ...

48 Seiten, DM 10,-

Zellenergie durch Q10

In diesem neuen Ratgeber erfahren Sie alles Wissenswerte zum eben erst entdeckten

- neuen Vitamin Q10, einem Spurenstoff aus der Gruppe der Coenzyme.

Es hat sich gezeigt, daß das Coenzym für die

- Arbeit des Herzen unerläßlich ist und die
- Zellen mit jener Energie beliefert, die sie vor Funktionsverlusten und vorzeitigem Altern schützt.

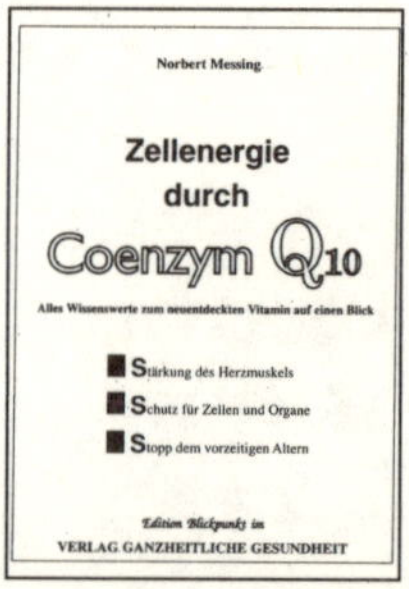

32 Seiten, DM 8,50

neu! im Juni 1994

Naturärzte-Adressen

»NATURÄRZTE WEGWEISER« (5. Auflage, ca. 140 S., DM 16,80). Anschriften von rund 4.500 Naturheilärzten. ABC der Naturheilweisen. Aktuelle Liste von Ganzheitskliniken und anderes mehr!

***

Der Ratgeber **»ZU GAST IM SÜDEN«** vermittelt gesunde, kreative, vollwertige, spirituelle Alternativen in südlichen Gefilden, z.B. in Italien, Spanien, Frankreich, Griechenland (310 Seiten, DM 22,80).

Von »Wunder-Lebewesen« und »Zauberpilzen«

Wußten Sie, daß wir im Verdauungssystem ganze Streitmächte von Kleinlebewesen (z.B. Milchsäurebakterien) über unsere Gesundheit wachen lassen und dadurch gefährliche Keime in Schach halten können?

Wußten Sie, daß die sog. chronischen Zivilisationskrankheiten in einem abwehrstarken Organismus praktisch keine Chance haben, und daß Mikroorganismen bei einer solchen »Immunisierung« eine wichtige Rolle zu spielen vermögen?

Wußten Sie, daß im alten Ägypten das Weltwunder der Pyramiden nur mit Hilfe einer bis heute unübertroffenen Hochleistungsdiät vollbracht werden konnte, und daß dies ohne die tätige Mitwirkung von Kleinorganismen - z.B. Hefen - undenkbar gewesen wäre?

Das vorliegende Buch macht deutlich, daß bis zum heutigen Tag nur ein Bruchteil des angesammelten ernährungsmedizinischen Wissens vom Verbraucher wirklich auch genutzt wird. Und genau diese Erkenntnisse sind es, die uns ein langes Leben in andauernder Gesundheit schenken könnten. Und nicht zuletzt: die Neuerscheinung gibt viele praktische Hinweise, wie wir es zukünftig besser machen können.

neu!

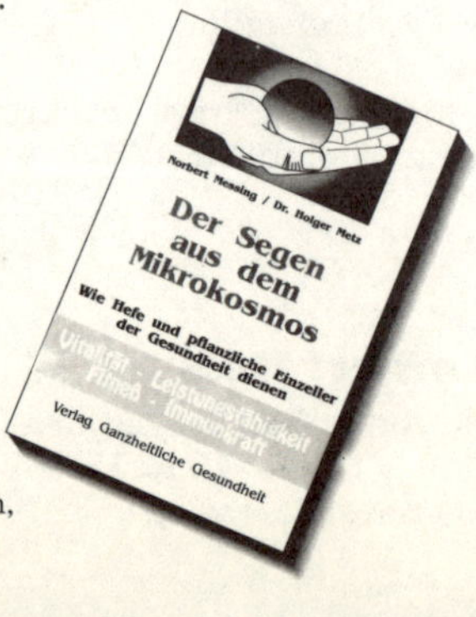

150 Seiten, DM 19,80

190 Seiten, DM 19,80

Zahnprobleme beseitigen

Der bekannte Ernährungsforscher und Zahnarzt Dr. J.G. Schnitzer erläutert in diesem neuen Ratgeber die Ursachen von Zahnstörungen, warnt vor Herderkrankungen und Amalgam-Gefahren. Vor allem zeigt er, wie man Zahnprobleme beseitigt und sich dauerhaft davor schützt.

48 Seiten, DM 10,-

Krank durch Fleisch?!

Sind Fleischwaren dem Menschen wirklich zuträglich und angemessen?

Wie steht es um Tierarzneimittel, Hormone, um ethische Aspekte der Massentierhaltung?

Hier erfahren Sie alles Wesentliche einschließlich eines ausführlichen Anschriftenkataloges (Verbraucherschutz-Initiativen u.a.)

Persönliche Bemerkungen